Le guide du jeune papa

Avec la collaboration de Marie-Christine Barraux-Degos.

Mikael Micucci
avec la collaboration du
Docteur Pierre-Eugène Lhuillier

Le guide du jeune papa

MARABOUT

Sommaire

Le couple

La sexualité

La grossesse

L'accouchement

Le séjour à la maternité

Les premiers mois

À Matteo et Clara,
pour toute la joie et l'amour qu'ils m'apportent chaque jour.

Si vous lisez ceci, c'est probablement que vous êtes un futur ou jeune papa. Félicitations. Je souhaite que votre enfant vous apporte autant de joie que mon fils et ma fille m'en a donné. Bonne lecture.

Introduction

Vous voilà embarqué dans une aventure qui durera toute votre vie. Vous allez être papa. Si vous êtes comme moi, vous allez vous poser une multitude de questions. Certaines toutes bêtes. Et pourtant, même si, en temps normal, la réponse vous semblerait évidente, là, ce n'est pas le cas. Vous chercherez les réponses et vous remarquerez combien il est difficile de les trouver. Certes, vous obtiendrez aisément des réponses détaillées sur tout ce qui concerne l'enfant et la maman. Par contre, une fois sorti du domaine médical, il vous sera plus difficile de trouver les réponses qui ont trait plus particulièrement à l'homme car les médias accordent trop peu de place encore aux pères. En outre, les sujets traités intéressent principalement les femmes.

C'est en partant de ce constat que je me suis lancé dans la création d'un site Internet destiné aux futurs et jeunes pères (http://www.jeunepapa.com). Je voulais partager mon expérience avec d'autres hommes pour pouvoir les aider à ma façon, ne fût-ce qu'un peu. Dans ce livre, vous trouverez quelques réponses aux questions que je me posais, ou que d'autres hommes ont posées sur le site, mais ce ne sont pas les seules réponses possibles. Les idées que nous avons partagées entre pères nous ont servi à trouver celle qui nous convenait le mieux individuellement. Je ne prétends pas détenir la vérité. Ce qui est vrai pour moi ou pour un autre ne le sera pas forcément pour vous. Je ne suis qu'un papa, comme vous, avec simplement un peu plus d'expérience, et ma chance est d'avoir pu abondamment discuter avec de nombreux pères.

Cette expérience, je souhaite la partager avec vous, pour vous aider à passer moins de temps à vous inquiéter et à profiter davantage de l'existence qui est désormais la vôtre.

Ce livre réunit les questions les plus fréquentes que les papas se posent. J'ai choisi de traiter au minimum des questions médicales, car il existe suffisamment d'excellents ouvrages sur le marché ; en outre, le gynécologue ou la sage-femme doit rester votre interlocuteur privilégié. Il n'est pas nécessaire de lire ce livre de façon linéaire car les articles qui le composent sont indépendants les uns des autres. En lisant ces pages, vous vous rendrez compte que tout le monde s'interroge, qu'aucune question n'est bête, et que la peur, la remise en question, le doute sont normaux. Il faut neuf mois pour faire un enfant, il en faut au moins autant pour faire un père.

Le futur papa

Je vais être papa

Eh bien voilà, que vous vous y attendiez ou pas, votre compagne vient de vous l'apprendre, vous allez être papa. Toutes les réactions sont possibles et compréhensibles en fonction de la sensibilité de chacun ; le fait de ne pas sauter de joie n'implique pas forcément le mécontentement ou la désapprobation. Certains ont besoin de digérer la nouvelle avant d'exprimer leur bonheur. Il y a des pères qui vont avoir envie d'ouvrir les fenêtres et de hurler au monde entier « je vais être papa ! », d'autres qui chercheront désespérément à fuir, d'autres encore qui auront la sensation d'être assommés ou subitement muets… Personnellement, c'est là que j'ai eu ma toute première nausée !

Je réagis mal, je panique

Même si votre réaction immédiate est difficilement contrôlable, elle peut avoir un impact sur la maman, surtout si elle ne correspond pas à ses attentes, comprenez que cela puisse la blesser ou l'attrister. C'est à vous, une fois que vous en serez capable, de lui expliquer que votre réaction ne veut pas dire que vous n'êtes pas heureux, mais qu'elle était due à une bouffée d'angoisse. Toutes vos certitudes se sont envolées pour laisser place à de nouvelles questions et à de nouvelles peurs. Et cela, même si vous souhaitiez vraiment cet enfant. Tout à coup, vous avez réalisé l'ampleur de ce que vous vous apprêtiez à vivre. Et vous avez paniqué.

Si votre réaction n'a pas été des meilleures, il faudra rassurer votre compagne et cela prendra du temps, et des mots. Bien sûr, ce n'est pas toujours évident de trouver les bons, mais si vous parvenez à dépasser cette pudeur si fréquente chez les hommes quand il s'agit d'exprimer des sentiments, votre compagne vous comprendra d'autant mieux. Rapidement, vous vous sentirez aussi plus serein, parce que, pendant quelque temps encore, rien de tangible ne vous rappellera que la vie se développe dans le ventre de la maman, ce qui vous permettra de vous habituer. Petit à petit, à tête reposée, vous trouverez les premières réponses à vos questions.

Suis-je prêt à être père ?

Excellente question que voilà. On se l'est tous posée au moins une fois quand notre douce et tendre a discrètement commencé à faire des remarques sur ses amies futures mamans ou simplement son envie de le devenir. Si la question est d'un naturel évident, la réponse, elle, l'est nettement moins. Et ce, même pour ceux qui répondent instinctivement : « Oui !!! » Les moments de doute, de panique, les surprendront eux aussi, plus tard. Alors comment savoir si on est fin prêt ? Fondamentalement, on ne l'est jamais vraiment (impossible d'imaginer ce qui nous attend réellement tant qu'on n'est pas confronté à la réalité, et cela, même s'il ne s'agit pas du premier enfant) ou, du moins, il est difficile de le savoir pour la plupart des hommes.

COMMENT SAVOIR SI VOUS N'ÊTES PAS PRÊT ?

Couple fragile. Vous doutez de l'amour qui vous lie à votre compagne. Bien que certains disent le contraire, faire un enfant n'a jamais résolu les problèmes de couple, c'est même tout le contraire.

Fêtard inconditionnel. Vous ne pensez qu'à vous amuser, vous sortez tous les soirs jusqu'au petit matin. Rester à la maison un samedi soir est pour vous inconcevable.

Libre comme l'air. Vous n'avez pas envie de vous retrouver avec des obligations et des responsabilités. Si vous souhaitez être libre de monter dans la première voiture qui vous prendra en stop pour partir en vacances sans savoir ni où vous allez ni quand vous reviendrez, alors la vie avec un enfant n'est pas encore faite pour vous, les contraintes y sont nombreuses.

Carriériste. Pour vous, la seule priorité, c'est le boulot, la carrière, et rien ne doit freiner votre ascension professionnelle.

Aversion pour les tout-petits. Vous avez horreur des enfants, inutile d'aller plus loin.

Manque d'autonomie. Vous vivez encore aux crochets de vos parents, vous n'êtes pas vraiment indépendant, vous n'arrivez pas à vous prendre en main.

Si vous vous reconnaissez dans ces lignes, ne paniquez pas. Ce n'est pas aujourd'hui que vous serez prêt, mais une fois que votre enfant sera né, voire plus tard encore. Vous apprendrez à être père au fur et à mesure que votre bébé grandira. Soyez cependant sûr et certain de votre choix. C'est une décision importante et sans appel. Vous ne pourrez pas changer d'avis plus tard. Vous pouvez aussi attendre quelques années encore et en rediscuter avec votre moitié.

Par contre, vous pouvez plus facilement déterminer si vous n'êtes pas encore prêt. Mais une fois de plus, ce n'est pas parce qu'aujourd'hui vous ne l'êtes pas, que vous ne le serez pas quand le bébé verra le jour. La grossesse, l'accouchement et le fait de prendre votre enfant dans vos bras vous changeront à jamais. Pour certains, il faudra peut-être un peu plus de temps. S'il est difficile de savoir exactement quel genre d'homme vous deviendrez, une chose est sûre néanmoins : vous ne regarderez plus le monde du même œil.

Mon entourage n'est pas très enthousiaste

« Ah, tu vas être papa ? Toutes mes condoléances. » « Quoi ? Mais tu es inconscient ? » La réaction que les autres peuvent avoir quand on annonce fièrement la nouvelle peut être pire qu'une douche froide. Heureusement, elle déclenche le plus souvent la joie et l'émotion, mais quand ce n'est pas le cas, comment réagir ?

Commencez par essayer de comprendre pourquoi les gens réagissent ainsi. Pourquoi, alors qu'il s'agit de vos amis et de votre famille, ne sont-ils pas heureux pour vous ? Tout simplement, parce qu'ils n'ont pas le même point de vue que vous sur la chose, vous vous en doutez. Ils ne le font pas exprès pour vous embêter.

La famille

Votre famille souhaite normalement votre bonheur. Celui qu'elle imagine pour vous ne correspond pas forcément au vôtre, mais c'est malgré tout une façon de vous témoigner son amour. Peut-être votre famille vous considère-t-elle trop jeune, peut-être que votre vie professionnelle lui apparaît trop précaire, ou qu'elle doute de votre compagne…, toutes sortes de raisons peuvent entrer en ligne de compte. Expliquez à vos proches que vous êtes vraiment heureux de devenir père, que vous savez ce que vous faites et que c'est ce que vous pensez être le mieux pour vous.

PAPY ET MAMIE, COMMENT LES CONVAINCRE ?

Les futurs grands-parents sont peut-être ceux dont la réaction négative peut vous blesser le plus. Mais du fait de l'importance de leur rôle, il est aussi facile de les faire changer d'avis.

Parlez-leur de ce qu'ils pourront faire ensemble, de l'exemple qu'ils seront pour votre enfant, de l'amour qui les liera... Montrez-leur les photos des échographies. Faites votre possible pour qu'ils entrent déjà dans la vie de votre enfant.

Ne vous inquiétez pas : le plus souvent, en voyant votre bonheur et votre détermination, ils changeront d'avis, même s'il leur faudra peut-être un peu de temps pour se faire à l'idée. Si, malgré tout, ils montrent peu d'enthousiasme à la nouvelle ou s'ils demeurent parfois opposés au projet, cela ne les empêchera pas, le plus souvent, d'aimer cet enfant qui est un nouveau membre de la famille.

Les amis

Pour les amis, c'est en général un peu différent. En principe, les femmes seront souvent enthousiastes, ou du moins heureuses pour vous, et ne manqueront pas de vous le montrer. En général, même s'il y a des exceptions, elles raffolent de tout ce qui tourne autour des bébés et vous demanderont des nouvelles à chaque occasion. Elles vous donneront probablement aussi toutes sortes de conseils. Avec les hommes, en particulier les plus jeunes, la nouvelle sera moins bien accueillie, car en devenant père, vous serez moins disponible pour eux. De plus, parler de couches et de biberons ne compte pas parmi leurs sujets de conversation préférés. Vos soucis ne seront pas toujours compris par eux, encore insouciants. Ils seront peut-être contents pour vous, mais ils ne souhaiteront pas subir les mêmes contraintes. Essayer de vous rapprocher de vos amis déjà pères, qui s'investissent dans leur paternité et qui seront heureux de partager leurs conseils, voire leur bonheur d'être papas avec vous.

Quoi qu'il en soit, souvenez-vous que la seule chose qui importe, c'est votre avis, et votre bonheur à tous les deux. Vous avez fait un choix, le vôtre, et ils n'ont pas grand-chose à dire. Les autres, même s'ils comptent aussi, ne sont que secondaires. La priorité du moment demeure vous-même, la maman et l'enfant. Vous allez être papa, c'est la consécration de l'amour que vous portez à la femme de votre vie. Ne laissez donc pas vos amis vous gâcher votre bonheur, et n'accordez pas d'importance à leurs dires. Vous pouvez essayer de dialoguer, mais si vous ne les convainquez pas, évitez le sujet, et si besoin, évitez de les voir trop souvent. Entourez-vous des personnes qui vous soutiennent et partagent votre joie.

Est-ce que je serai un bon père ?

Et pourquoi ne le seriez-vous pas ? Et puis, être un bon père, ça veut dire quoi ? Si c'est ne jamais commettre d'erreur, alors c'est perdu d'avance. Parce que des erreurs, vous en ferez, et beaucoup. Inutile d'espérer le contraire. Rappelez-vous qu'élever un enfant n'est pas une science exacte. Ce qui est vrai pour certains est tout à fait faux pour d'autres. C'est en essayant et en vous trompant que vous apprendrez. Par contre, vous devrez vous efforcer de limiter la casse et de tirer les enseignements de vos erreurs afin de ne pas les répéter.

Finalement, être un bon père est à la fois la chose la plus simple et la plus compliquée au monde. Simple, parce qu'un enfant, surtout quand il est très petit, a simplement besoin d'amour avant tout. Compliquée, parce que, d'une part, cet amour ne suffit évidemment pas à résumer votre rôle de père, et, d'autre part, parce qu'on vous en demandera toujours plus. Ne craignez pas de gronder et de poser des limites. Les mois passent vite et votre enfant en aura besoin, c'est même très important pour lui. Ce n'est pas toujours évident, mais cela fait aussi partie de votre rôle. Ne le déléguez à aucun autre.

Recette miracle ?

Rassurez-vous, aux yeux de vos enfants, vous apparaîtrez comme le meilleur des papas. Si vous cherchez à vous informer pour savoir comment y arriver, rappelez-vous que tout ce que vous lirez ne doit rester qu'une source d'information pour vous aider à trouver votre propre voie qui n'est celle de personne d'autre. Encore une fois, il n'y a pas de recette miracle.

S'impliquer et consacrer du temps

Impliquez-vous dans la vie de votre enfant dès la grossesse, cela vous aidera à vous familiariser à cet univers qui reste encore largement féminin, vous permettra de faire face plus sereinement aux situations qui peuvent se présenter.

Lorsque l'enfant est là, accordez-lui chaque jour du temps même si ce n'est pas évident ou si vous êtes fatigué en rentrant à la maison. N'ayez pas peur de mettre la main à la pâte et de changer un lange, donner un bain ou un biberon. Cela n'a rien de dévalorisant. Cela vous permettra de créer un lien fort avec votre bébé, et à vous constituer des souvenirs inoubliables.

Pour certains, essayez de ne pas sacrifier votre vie de famille à votre carrière, et laissez autant que possible votre stress au bureau, même si c'est parfois difficile.

Plus tard, il vous faudra encore faire plein de choses car on est père toute sa vie. Mais d'ici là, vous aurez appris à trouver en vous les réponses, sans avoir trop besoin de conseils extérieurs. En attendant le premier « je t'aime papa », profitez sans angoisser des petits et des grands bonheurs que votre enfant va vous apporter. C'est connu : « Mon papa est le plus grand, le plus beau, le plus fort ! »

JE T'AIME PAPA

Avant tout, dans cette entreprise, vous devez vous préoccuper de votre enfant et de lui seul. C'est de son amour que viendra l'unique jugement dont vous devez tenir compte quand vous vous demanderez si vous êtes un bon père. Votre enfant vous pardonnera vos erreurs et, par amour, vous ferez de même avec lui. Vivez tous les deux votre relation sans vous soucier de l'avis d'autrui (sauf de celui de la maman, et là non plus, pas pour tout). Les donneurs de leçons ne feront que croiser un temps vos chemins, alors que vous serez père pour toujours.

Je suis inquiet, c'est normal ?

Pensiez-vous vraiment pouvoir affronter une telle aventure sans jamais vous poser de questions, sans jamais avoir peur, sans jamais chercher à savoir si vous avez fait le bon choix ? Cet enfant va changer votre vie pour toujours. De plus, vous pénétrez dans un univers qui vous est probablement inconnu ou presque. Bien sûr, moins vous en savez sur le sujet, plus vous vous posez de questions. Et tant que vous aurez des interrogations ou des incertitudes, vous serez inquiet.

Inquiétudes justifiées ou imaginaires ?

Certaines inquiétudes obéissent à des causes objectives, d'autres sont plus subjectives, certaines enfin n'ont pas lieu d'être. Vous vous inquiéterez pour la santé de votre enfant, de la maman, pour votre avenir d'homme, de père et de compagnon, de ce qui peut se passer à l'accouchement, des finances…, la liste est infinie.

Dans le domaine médical

La non-compréhension du résultat d'une analyse, l'apparition d'un symptôme peuvent effrayer, d'autant que l'on se sent impuissant devant le problème. Il vous faudra pourtant apprendre à faire confiance aux médecins, à la future maman et au bébé, qui ont des capacités insoupçonnées.

Dites-vous que s'il est vrai que mille complications peuvent survenir pendant la grossesse, que si le fœtus est susceptible de connaître toutes sortes d'anomalies, la médecine a fait des progrès énormes. On en sait bien plus aujourd'hui qu'à l'époque où vous êtes né. La fréquence des anomalies est statistiquement très basse. Alors, ne dites pas qu'il y a une chance sur mille de rencontrer un problème, mais qu'il y en a 999 sur mille pour que tout aille bien.

Les doutes sur soi-même

En ce qui vous concerne, avez-vous vraiment des raisons de vous inquiéter ? La plupart des personnes sur Terre ont un père qui les élève, et la majorité des pères s'en sont bien sortis, alors pourquoi pas vous ? Ayez confiance en vous, vous avez tout ce qu'il faut pour devenir parent, vous occuper de votre enfant et l'aimer. Le tout sera de savoir le puiser en vous, et le plus souvent, cela vient tout seul. Vous saurez tout affronter le moment venu. Ne vous angoissez pas maintenant pour des choses qui n'arriveront jamais ou qui surviendront dans cinq, dix ou vingt ans. L'important est d'être prêt le moment venu.

Ne vous affolez pas non plus en entendant certains récits catastrophes qui réveillent les peurs que nous avons tous : ils sont l'exception, pas la règle. Si vous cédez à la panique, vous allez vous empoisonner l'existence. Est-ce que vous tremblez à l'idée d'aller faire vos courses ? Non, bien sûr. C'est sans risque pour vous. Pourtant, vous pourriez avoir un accident de voiture, être agressé, être pris dans un hold-up…, vous savez que ces risques existent, mais comme cela arrive rarement, vous partez faire vos courses l'esprit tranquille ! Devenir père, c'est la même chose. Quantité de choses peuvent arriver, mais le plus souvent, il ne se passe rien. Vivez cette aventure dans cet état d'esprit, cela vous permettra de profiter au mieux de toutes les joies qui accompagnent la venue d'un bébé.

COMMENT VOUS RASSURER ?

Le médecin ou la sage-femme sont là pour apaiser vos craintes en vous donnant bon nombre de réponses, et ce, même en dehors du domaine strictement médical. Vous êtes trop pudique ou vous avez peur de paraître ridicule ? Quelques clics et vous trouverez l'information que vous cherchez sur Internet (faites quand même attention à vos sources, certaines sont plus fiables que d'autres). Certains livres sont également très complets.

Vous craignez de ne pas être à la hauteur ? Pensez à toutes les choses que vous avez accomplies dans votre vie, surtout à celles où vous vous attendiez à échouer. Vous voyez, vous avez des ressources que vous ne soupçonnez pas.

Je ne suis plus sûr d'avoir fait le bon choix

« Mais qu'ai-je fait ? » « Quelle mauvaise idée ai-je eue ! » Il y a tant de raisons pour lesquelles vous n'auriez pas dû faire ce choix. Et vous y pensez maintenant alors que le bébé est déjà en route. Mais pourquoi n'y avez-vous pas songé avant ? En somme, c'est la peur qui vous assaille de questions : « Suis-je vraiment prêt pour ça ? Serai-je à la hauteur ? N'aurais-je pas mieux fait d'attendre ? Comment vais-je faire maintenant ? »

Culpabilité

Tout d'abord, ne vous sentez pas coupable si vous avez des moments de doute, c'est humain et normal. Pour presque toutes les décisions importantes – et celle-ci est de taille –, on hésite, on ne sait plus quel choix faire. Cela ne veut pas dire que vous n'aimez pas votre enfant, ou que vous serez un mauvais père, loin de là. Vous verrez qu'avec le temps, vous vous poserez la question de moins en moins souvent, et que le doute s'envolera très vite.

Y voir plus clair

Essayez de comprendre pourquoi vous doutez, quelles sont les questions qui se cachent derrière ces doutes, et tentez d'en trouver les réponses.

Le plus souvent, ce sont nos craintes et l'instinct de fuite qui nous animent. Au lieu d'esquiver, demandez-vous plutôt si vous n'avez pas tout simplement peur. Il est probable que vos inquiétudes vous avaient déjà assailli avant de vous décider à être père. Pourquoi les arguments que vous aviez retenus alors ne vous satisfont-ils plus ?

L'AVORTEMENT

Le recours à l'interruption volontaire de grossesse (IVG) est une décision de couple, qui doit être prise à deux dans les premières semaines de grossesse, même si c'est votre compagne qui prendra la décision finale (la loi prévoit que la future mère est seule décisionnaire) et subira l'intervention. Si vous pensez vraiment avoir commis une erreur, et ne voulez pas de ce futur enfant, il est essentiel d'en discuter longuement avec votre compagne, d'expliquer vos sentiments, votre ressenti et vos réticences. Soyez sûr de votre choix car pour certains, les remords peuvent être lourds à porter si votre choix commun est de pratiquer une IVG.

Certes, on ne mesure véritablement l'étendue du rôle du père que lorsque l'enfant est là. De deux choses l'une : le bébé était désiré, auquel cas vous avez fait le bon choix ; il ne l'était pas vraiment, mais vous avez décidé de l'assumer, alors, c'est tout aussi bien, courageux et responsable. Essayez de penser à toutes les choses qui vont enrichir votre vie grâce à cette naissance et considérez votre situation comme une chance. Même si elle implique quelques sacrifices, rien au monde ne pourra vous apporter autant qu'un enfant.

Quand vais-je me sentir vraiment père ?

De nombreuses femmes se sentent mères dès le moment où elles apprennent qu'elles sont enceintes. Par contre, le sentiment de paternité ne survient le plus souvent pas d'emblée chez les hommes, l'enfant restant longtemps une entité abstraite. Si vous êtes dans ce cas, le savoir, le comprendre et l'accepter sont tout aussi importants pour vous que pour la future maman. Cela vous aidera à déculpabiliser et à éviter les malentendus au sein du couple où la femme pourrait avoir l'impression que vous ne désirez pas cet enfant.

Décalage selon les sexes

Pour la femme, la grossesse constitue une réalité physique. La maman peut souffrir de toutes sortes de petits maux, son corps va se modifier, elle va sentir le bébé grandir et bouger à l'intérieur d'elle-même. Vous, le futur papa, ne connaîtrez rien de tout cela, si ce n'est en spectateur extérieur. Vous *allez être* papa, alors que votre femme est *déjà* mère à ce moment. Au cours des derniers mois de la grossesse, lors des rapports sexuels par exemple, la présence de l'enfant se fera plus tangible. Bien sûr, les échographies vous permettront de mieux le visualiser, mais là encore, vous ne distinguerez pas toujours bien le bébé en dépit des explications du médecin. Il existe toutefois beaucoup d'hommes qui se sentent pères aussi vite que leur femme. Ils s'impliquent dans la grossesse, recherchent des informations sur l'évolution de leur enfant, ne ratent pas une visite chez le médecin, assistent aux cours de préparation à l'accouchement, font des projets avec la maman…

La paternité : sentiment immédiat ou progressif ?

Si, pour la femme, attendre un enfant est un phénomène à la fois physiologique, émotif et mental, chez l'homme, seules ces deux dernières composantes sont présentes, composantes qui nécessitent un laps de temps plus ou moins long pour que le sentiment de paternité s'installe.

Le déclic se produira le plus souvent le jour où, après l'accouchement, vous tiendrez le nouveau-né pour la première fois dans vos bras, alors vous vous direz : « Ça y est, je suis papa. » En général, voir et toucher l'enfant, lui prodiguer des câlins suffisent à faire prendre conscience de sa paternité. Par contre, même si vous y avez maintes fois songé tout au long des neuf mois de la grossesse, la réalité peut s'avérer tout autre et nul ne sait ce que vous ressentirez le moment venu. D'autres hommes ont besoin d'un peu plus de temps pour réaliser ce qui vient de se passer et en mesurer les conséquences. Certains préféreront qu'une relation s'installe entre eux et le bébé. Selon les cas, cela pourra prendre plus ou moins longtemps, mais ils finiront par se sentir pères, même s'ils s'impliquent peu dans la vie de l'enfant.

L'haptonomie (p. 124), qui crée un lien affectif entre l'enfant et le père, aidera certainement l'homme à prendre conscience de son nouveau statut, tout comme l'attitude de la future maman qui associe son compagnon à sa grossesse en le laissant libre de jouer un rôle actif.

Je me sens inutile

Bon nombre d'hommes se sentent inutiles et impuissants au cours des neuf mois, et encore plus le jour de l'accouchement. Pour certains, ce sentiment peut perdurer même après. Ils se sentent simples spectateurs, alors qu'ils voudraient être acteurs.

Des préjugés à la vie dure

On peut très bien comprendre ce sentiment. D'un point de vue purement physiologique, votre contribution s'est limitée à la conception, alors que la mère va porter le fœtus jusqu'à la naissance. À cela vient s'ajouter l'influence de la société. Bien que les choses aient fortement changé ces dernières années, on attribue encore le rôle central à la maman, le père passant au second plan.

Heureusement, les choses bougent et aujourd'hui, de nombreuses mères sont vraiment persuadées que le rôle du père est tout aussi important que le leur, et ce, dès la conception. Si c'est le cas de votre compagne, libérez-vous des préjugés. Vous n'êtes pas inutile et votre rôle ne se limite pas à engendrer.

Votre rôle durant la grossesse

Vous pourrez prendre en charge un maximum de choses pour que votre compagne se repose : faire les courses, le ménage, la cuisine. Occupez-vous d'elle, gâtez-la, cherchez des informations pour dissiper ses doutes ou ses craintes.

Insistez pour aller aux séances d'haptonomie (p. 124) afin d'établir au plus vite une relation directe avec votre enfant, sans attendre de le tenir dans vos bras. Assistez aux visites chez le médecin ou la sage-femme. Procurez-vous tout ce dont vous avez besoin pour accueillir votre bébé, en vous documentant et en participant aux choix.

L'IMPORTANCE DE VOTRE RÔLE

Sans vous, point de bébé. Vous lui avez donné 50 % de son patrimoine génétique, exactement comme la maman. C'est aussi cette moitié qui fera de lui un garçon ou une fille, selon que vous lui avez transmis un chromosome X ou Y. Demandez aux mères célibataires si une grossesse se vit de la même façon, selon que l'on est seule ou en couple. Vous êtes tout sauf inutile dans ce voyage vers l'inconnu.

Soutien moral à l'accouchement

Le sentiment d'inutilité ou d'impuissance peut être encore plus fort chez les hommes qui ont des responsabilités dans la vie de tous les jours. Les choses se passent indépendamment de leur volonté malgré tous leurs efforts. Pourtant, face aux nausées matinales, aux maux de dos, aux contractions de l'accouchement, nous sommes tous égaux, quel que soit notre statut professionnel. Si vous ne pouvez rien pour soulager la douleur de votre compagne, les médecins tâcheront d'y remédier. Vous, le futur père, vous êtes là pour lui apporter de l'amour, du soutien, parfois un peu de soulagement physique en l'aidant à suivre les recommandations de l'obstétricien ou de la sage-femme. Faites-lui savoir que si vous le pouviez, vous prendriez sa place, et que vous êtes deux dans cette épreuve. Cela est surtout vrai lors de l'accouchement. Si vous avez assisté aux cours de préparation, on vous aura appris quelques techniques. Mais même si vous n'y étiez pas, ne paniquez pas. Votre présence, le simple fait de lui tenir la main, de l'encourager et d'avoir des gestes tendres envers elle feront déjà beaucoup.

En jouant un rôle actif tout en admettant vos limites, en étant un peu plus indulgent avec vous-même, vous mesurerez mieux combien votre rôle est important. Et la future maman, qui appréciera, ne manquera pas de vous le faire savoir.

Je me sens seul

Alors qu'il aurait aussi besoin d'une oreille attentive ou d'un soutien, le futur papa qui traverse pourtant des moments très intenses est livré à lui-même. Ironie du sort, si personne ne prête attention à ce qu'il vit, sa femme est entourée comme jamais. Mais vous aussi, vous y êtes pour beaucoup dans cette vie qui arrive. Or, vous ne faites pas partie des priorités. Trop peu de médecins, de sages-femmes, lors des visites, à l'accouchement, lors du séjour à la maternité, s'intéressent vraiment au futur père et s'inquiètent de son état. C'est à peine si l'on lui adresse la parole.

Savoir s'imposer

La faute en revient aussi aux pères et aux futurs pères. Certains, par exemple, ne revendiquent leur statut qu'au moment d'une séparation, lors d'un divorce par exemple. Or, il faut savoir s'affirmer et réclamer ce qui nous tient à cœur. Si on prend la peine d'interroger le docteur, si on lui explique nos problèmes, celui-ci prendra presque toujours le temps de nous répondre et de nous aider. Par ailleurs, de plus en plus de maternités proposent désormais des groupes de parole aux pères. C'est peut-être le cas dans votre ville. Informez-vous et allez-y, vous aurez l'occasion de rencontrer d'autres hommes dans votre situation. Participez aux cours de préparation à l'accouchement. Vous verrez que vous n'êtes pas le seul à avoir eu envie d'y aller !

Avec votre compagne, si vous n'ouvrez pas votre cœur, celle-ci risque de vous reprocher votre indifférence apparente. Avec la famille, vous aurez peut-être à défendre votre place. Tout le monde donne des conseils à une femme enceinte ou à une jeune maman ; si vous ne vous imposez pas, vous allez vite être relégué à l'écart et, vis-à-vis de votre enfant, vous serez dépossédé de votre rôle, qui est pourtant aussi important que celui de la maman.

Une démarche active

À moins que vous n'ayez de la chance, ce sera à vous d'aller vers les autres pour trouver du soutien. Et quand vous voyez une possibilité de partager vos états d'âme ou d'obtenir des réponses à vos questions (nous en avons tous), saisissez-la. Essayez de rencontrer d'autres hommes qui ont déjà des enfants ou qui vivent la même chose que vous. Parlez à vos amis déjà pères. Vous trouverez cela très enrichissant et rassurant. Et vous vous sentirez compris. Même s'il est plus discret, il existe un véritable esprit de groupe entre les futurs pères.

En cherchant bien, vous finirez donc par être entouré. Sans doute pas autant que la future maman, mais assez pour ne pas vous sentir abandonné à votre sort. Mais c'est à vous de faire le premier pas. Si vous attendez dans votre coin que l'on vienne s'intéresser à vous, vous resterez seul avec vos questions.

J'ai l'impression de changer

Qui peut affirmer que la paternité l'a laissé tel qu'il était auparavant ? Peut-être que, vous-même, vous ne vous en rendez pas vraiment compte, mais cela doit sauter aux yeux de votre entourage. Qui plus, qui moins, nous changeons tous. Et comment pourrait-on faire autrement alors que notre vie est complètement chamboulée ?

La famille, valeur première

Probablement, l'une des choses les plus frappantes, c'est la façon dont nos priorités changent. Pour un nombre sans cesse croissant d'hommes, la famille passe en tête, souvent au détriment du travail. S'imposer dans la vie professionnelle reste important, mais cela ne prime pas forcément, et de plus en plus d'hommes ne sont pas disposés à sacrifier leur vie de famille pour leur carrière.

Par ailleurs, on s'oublie soi-même plus facilement au profit des enfants et du couple. Le plus souvent, on n'y réfléchit pas, c'est quelque chose de naturel. Même s'il ne s'agit pas d'abnégation totale, nous faisons tous de petits sacrifices bien plus fréquemment qu'on ne le pense. Sans bébé, ferait-on les mêmes choix ? Probablement que non…

Autre changement, il apparaît souvent chez les hommes une tendresse, peut-être absente jusque-là, vis-à-vis des tout-petits, mais aussi vis-à-vis de la maman, pour son plus grand plaisir.

Maturité et joies de l'enfance retrouvées

Point positif, vous allez rapidement mûrir. Cela se remarque davantage chez les plus jeunes. Avoir un enfant rend plus responsable. Ce sont sans doute les questions d'argent qui révèlent le plus tôt cet aspect chez les pères. Faire des folies sans penser au lendemain n'est plus permis. Maintenant, vous allez mûrement réfléchir avant de prendre une décision, et vous évaluerez les conséquences pour vous et votre famille, non seulement à court terme, mais aussi à moyen et à long terme.

Mais si vous allez mûrir dans bien des domaines, vous allez aussi replonger en enfance. Avec bébé, vous réapprendrez à vous émerveiller d'un rien et à apprécier les petites choses. Vous allez aussi retrouver le goût du jeu et vous amuser comme un gosse. Rappelez-vous quand même que les petites voitures et les poupées ont été achetés pour lui, pas pour vous !

La « couvade », c'est quoi ?

Qui a dit que la grossesse n'était douloureuse que pour les femmes ? Rien de plus faux : de nombreux hommes souffrent aussi des symptômes de la femme enceinte, sans qu'on arrive à l'expliquer : c'est ce que l'on appelle la « couvade ».

Deux formes de couvade

La première forme de couvade correspond à un ensemble d'actes que le futur père effectue sciemment et que l'on retrouve dans certaines cultures dites primitives et ce, principalement au moment où la femme donne la vie. On la retrouve chez de nombreuses peuplades. Dans sa forme la plus simple, l'homme s'alite au moment où sa compagne accouche et simule les douleurs de l'accouchement. On ignore à ce jour les causes profondes de ces rites.

La deuxième forme de couvade est la manifestation de douleurs d'origine psychosomatique chez un homme qui, dans nos contrées, toucherait un homme sur cinq. Parmi les symptômes, on retrouve les variations de l'appétit, la prise de poids, les nausées, l'insomnie, les indigestions, la diarrhée ou la constipation, les maux de tête, le mal de dents, le mal de dos, les démangeaisons, les « envies »…, cela ne vous rappelle rien ? Ce sont bien là des maux de femmes enceintes. Étonnant, non ?

Des raisons obscures

L'origine de tous ces maux reste obscure. Les théories avancées sont aussi nombreuses que les personnes ayant étudié le phénomène. Cela va de la manifestation physique de l'anxiété liée au fait de devenir père à l'empathie envers la maman, en passant par une manière d'affirmer sa paternité, ou encore, une jalousie vis-à-vis de la mère seule capable de donner le jour… Probablement, toutes ces théories ont une part de vérité et peuvent générer des douleurs selon ce qui se passe dans la tête du futur père et la façon dont il vit sa situation.

Pour vous « soigner », admettez que vous pouvez « être enceint », puis demandez-vous pourquoi vous réagissez de la sorte et interrogez-vous sur les raisons de vos douleurs. N'hésitez pas à exprimer vos émotions et à parler de vos symptômes à votre compagne et/ou votre médecin. Le plus souvent, les manifestations de ces symptômes sont légères et disparaissent d'elles-mêmes après la naissance.

Il n'est pas encore là et je suis déjà jaloux

Vous étiez tout pour votre compagne et maintenant son intérêt s'est reporté sur son ventre, ou plutôt, sur cette chose qui est à l'intérieur. Avant, elle était toujours aux petits soins avec vous, s'intéressait à ce que vous faisiez. Maintenant ce n'est plus tout à fait vrai. Elle ne pense plus à vous toute la journée, elle pense au bébé. Sa vie ne tourne plus autour de vous mais autour de ses rendez-vous chez le médecin, des cours de préparation à l'accouchement, des rendez-vous avec les copines.

Les petits plats préparés avec amour ? Elle n'a pas faim, elle a la nausée ou doit faire attention à ce qu'elle mange. Elle ne peut plus vous choyer du fait de son état, par contre, elle a besoin que ce soit vous qui vous occupiez d'elle. Bébé, bébé… tout le monde n'en a que pour lui !

Quand la famille appelle, elle ne s'enquiert que de lui, quand les amis viennent à la maison, ce n'est plus une bonne bouteille qu'ils apportent, mais une grenouillère pour le futur bébé. Et vous alors ? Vous êtes le roi déchu.

Me vole-t-on l'amour qui m'est dû ?

Cela peut sembler exagéré, pourtant cela n'a rien d'exceptionnel, et certains le vivent très mal. Ils ont l'impression que le bébé leur vole une partie de l'amour de la future maman, ils s'imaginent que si elle l'aime lui, elle aimera moins le père, que la seule chose qui compte, c'est l'enfant, un rival que l'on est censé aimer ! Vous vous sentez peut-être coupable de ressentir les choses ainsi, vous n'osez pas l'avouer. Vous redoutez l'avenir car si c'est comme ça maintenant, ce sera encore pis une fois qu'il sera là !

La première chose à faire est de vous demander si vous n'exagérez pas. Est-ce vrai que votre compagne vous a délaissé ? Ne réagissez-vous pas comme un enfant gâté ? Si c'est le cas, vous aurez sans doute du mal à le reconnaître, mais si vous ne le faites pas, vous n'avancerez pas. Si effectivement le bébé vous a mis sur la touche, dites-vous que c'est en partie dû à cet événement exceptionnel que votre compagne vit.

Pour votre femme, c'est plus compliqué. Son amour envers cet enfant sera inconditionnel et toujours aussi fort, voire croissant. Il va falloir l'accepter, c'est normal. Mais cet amour n'entame pas celui qu'elle vous porte. Ce n'est pas parce qu'elle aime son bébé qu'elle vous aimera moins. Il s'agit d'amours différents. Vous-même, aimez-vous moins votre femme parce que vous aimez votre enfant ? Bien sûr que non. Ne vous inquiétez donc pas. En revanche, si vraiment vous ne vous sentez plus exister aux yeux de votre femme, dites-vous qu'en aucun cas ce n'est de la faute de l'enfant. Alors bannissez autant que possible tout ressentiment à son encontre. Ces sentiments négatifs gâcheraient bien des joies de la paternité, et ce n'est ni à vous, ni à l'enfant de le payer.

Les bienfaits du dialogue

La faute ne revient pas non plus à la maman, lui en vouloir ne ferait pas avancer les choses. Par contre, une discussion s'impose pour lui expliquer ce que vous ressentez. Peut-être qu'elle ne s'en rend pas compte ou qu'elle l'interprète mal. Un dialogue ouvert, posé, devrait vous permettre de trouver un compromis pour qu'elle puisse vivre pleinement son rôle de mère sans que vous vous sentiez lésé. Certes, il va falloir apprendre à la partager mais, très vite, le peu que vous perdrez sera largement compensé par tout l'amour, le bonheur et la joie que vous donnera votre enfant.

Si vous êtes jaloux, ne le niez pas. Vous n'avez pas à vous sentir coupable, vous n'y pouvez rien et vous seriez le premier heureux s'il en était autrement. N'ayez pas honte d'en parler. Bien sûr, vous aurez du mal à en convenir de peur de passer pour un père indigne, mais plus vous garderez cela en vous, plus vous en souffrirez et plus vous en voudrez à cet enfant. Parlez-en. Cela n'étonnera personne, c'est quelque chose de fréquent. Essayez de trouver les raisons profondes de ce malaise. Tant que vous ne les saurez pas, vous ne pourrez pas trouver de solution et aurez toujours l'impression qu'on vous vole de l'amour. N'hésitez pas à faire appel à un psychologue si vous n'arrivez pas à vous en sortir seul, cela n'a rien de dévalorisant.

Comment être un père attentionné sans perdre sa virilité ?

Héritage culturel oblige, on pourrait s'imaginer que le fait d'être très attentionné envers la maman ou l'enfant, de mettre la main à la pâte pour les couches ou le bain… donne une image peu virile. C'est loin d'être le cas, bien au contraire. Regardez les hommes qui ont des enfants autour de vous. Est-ce qu'ils vous semblent peu virils, voire efféminés ? Non, et pourtant, il y a de fortes chances pour qu'ils aident leur femme, et câlinent leurs enfants.

Le nombre d'hommes qui agissent de la sorte est en hausse continue et devient de plus en plus la norme. Nous ne sommes plus au temps des cavernes ! Mais ce qui importe le plus, c'est qu'ainsi vous plairez davantage à votre femme.

Le nouveau père vu par les femmes

Allez vous promener et observez le regard des femmes sur un papa avec un enfant. Que le bébé soit dans ses bras ou dans la poussette (ne parlons même pas du cas où il serait en train de lui donner le biberon), qu'il soit seul ou avec la maman, tous les regards seront pour lui. Pour les femmes, être sensible, tendre et attentionné est le signe d'un homme bien dans sa peau, qui s'assume et n'a pas besoin de jouer aux gros durs pour s'affirmer. Le macho, lui, passe plutôt pour un homme dépassé et un peu complexé à leurs yeux.

Attention, essayez de ne pas confondre viril avec macho, vous vous rendrez vite compte que cela n'est en aucun cas incompatible avec votre rôle de père affectueux. Il ne s'agit pas de vous substituer à la maman vis-à-vis de l'enfant, ni d'être l'humble serviteur de votre compagne.

PAPA CÂLIN, PAPA SEXY

Au square ou dans la rue avec poussette, les femmes aiment regarder les hommes pouponner. Aspect très positif : vous voilà rassuré sur votre pouvoir de séduction (dans le cas d'une relation de couple déjà longue, on finit par en douter). Mais n'abusez pas de votre position, cela peut s'avérer une source de tension dans le couple. Vivez chaque instant en pensant à votre enfant et non aux femmes qui vous observent. Inutile d'attiser la jalousie de votre compagne.

Quand je lis les conseils des spécialistes, je me dis que je n'arriverai jamais à les suivre

Quoi qu'en disent certains, il n'existe pas de « recette » avec les bébés, ni plus tard avec les enfants et les adolescents. Chacun a ses rythmes, ses habitudes, ses envies, qu'il va falloir apprendre à cerner. Vous trouverez partout, y compris dans ce livre, des conseils, des méthodes à suivre, si possible à la lettre, pour que votre enfant se développe bien, pour qu'il devienne grand, beau, fort et intelligent.

Seulement voilà, tout cela s'applique à des bébés modèles, mais le vôtre, plus que probablement, est tout sauf ça ! Pour preuve, il vous suffit de regarder son rythme lorsqu'il s'alimente et ce, dès les premiers jours. On vous dira qu'un nouveau-né doit boire x ml de lait, toutes les x heures. Le mien, petit monstre vorace, n'en avait jamais assez mais, à croire qu'il le faisait exprès, si par malheur j'ajoutais une dose de lait, il s'arrêtait à la moitié du biberon ! Autre exemple, il mangeait tantôt toutes les deux heures, tantôt toutes les trois heures, tantôt après une heure et demie seulement ! Alors, j'ai fini par le nourrir à la demande au risque d'être condamné par les grands manitous de la puériculture ! Mon fils grandit pourtant comme les autres et se porte bien. Alors, comment est-ce possible ? C'est simple : la théorie a sans doute un sens, certains gestes sont sûrement plus efficaces que d'autres, mais jusqu'à preuve du contraire, on ne les a jamais testés sur votre bébé. Or, c'est de lui qu'il est question, pas du bébé tout rose des magazines.

Être à l'écoute de son bébé

Les conseils théoriques sont là pour vous rassurer afin que vous ne soyez pas complètement perdu lors de la première rencontre avec votre enfant. Mais avec le temps et la pratique, vous apprendrez à être à son écoute, vous changerez les gestes et les horaires pour qu'ils soient mieux adaptés à lui. Peut-être différeront-ils de ceux de la maman ? Chacun sa méthode, l'une n'est pas meilleure que l'autre, elles sont simplement différentes.

FIEZ-VOUS À VOTRE INSTINCT

Les seuls experts pour votre enfant sont la maman et vous. En matière d'éducation, l'histoire montre que ce qui est vrai aujourd'hui, aux yeux des spécialistes, ne le sera peut-être plus demain. Dites-vous aussi que pendant des milliers d'années il n'y avait pas de manuels de puériculture, pas de cours de préparation à l'accouchement, or, les hommes et les femmes s'en sortaient très bien aussi : ils suivaient leur instinct. Pour beaucoup de choses, vous pouvez vous y fier aussi.

Ne vous sentez donc pas coupable si vous ne parvenez pas à suivre à la lettre les idées des spécialistes. Il n'y a pas de parents parfaits ! Une chose est sûre en revanche, tant que vous aimerez votre enfant et ferez de votre mieux, il n'y en aura pas de mauvais ! Ne vous inquiétez pas non plus s'il marche plus tard que les autres ou s'il n'est pas propre tout de suite…, cela n'en fait ni un surdoué, ni un attardé. Il évoluera à son rythme tout comme vous l'avez fait.

Être un « nouveau père », ça veut dire quoi ?

Il y a soixante ans, le rôle du père était clairement défini. L'homme incarnait l'autorité, assurait le confort matériel de la famille, apprenait éventuellement le métier à son fils, notamment chez les artisans. La grossesse, l'accouchement, les premiers mois, voire les premières années de l'enfant, étaient l'affaire des femmes. Aujourd'hui, ce modèle est obsolète, non seulement aux yeux de la société, mais aussi aux vôtres. Vous allez être un nouveau père, nouveau parce que vous avez envie de vous impliquer dans la vie du bébé dès l'annonce de la grossesse qui sera vécue à deux. D'ailleurs, vous déciderez peut-être d'assister à l'accouchement ; il y a quarante ans seulement, rares étaient les hommes qui avaient cette chance.

Vous serez un nouveau père parce que vous souhaitez nouer un lien étroit avec votre enfant dès les premières secondes de sa vie en coupant son cordon, en lui donnant son premier bain, son biberon. Autrefois, un père changeait son bébé peut-être dix fois dans l'année ; aujourd'hui, c'est devenu quotidien. Toutes les tâches concernant le bébé et historiquement du ressort de la maman, vous saurez les assumer aussi et y prendrez du plaisir.

Vous serez un nouveau père parce que vous oserez témoigner de la tendresse à votre enfant et passerez beaucoup plus de temps avec lui que jadis nos pères ou nos grands-pères. Vous revendiquerez une place de choix à ses côtés et privilégierez votre famille avant toute autre chose. Assister aux cours de préparation à l'accouchement, aider votre enfant à faire ses devoirs, parler de sexualité avec lui ne vous rebuteront pas. Enfin, au-delà d'un nouveau père, vous serez un papa, tout simplement.

LE NOUVEAU PÈRE N'EST PAS UNE DEUXIÈME MÈRE

Le rôle du père, comme on l'entend aujourd'hui, englobe beaucoup des tâches jusque-là dévolues à la mère. Il est parfois utile de se demander si les deux rôles n'ont pas tendance à trop se recouper. Bien sûr, vous avez tout à gagner à être plus proche de votre enfant, et il serait injuste de laisser tout le travail d'intendance à votre compagne. Attention cependant à vous répartir les rôles, pour trouver un équilibre familial qui vous convienne à tous.

Chez toutes les espèces animales, le père et la mère jouent un rôle différent. Les valeurs, les façons d'être que vous lui transmettrez marqueront votre enfant pour le reste de sa vie. Si c'est un garçon, vous lui servirez par exemple de modèle en tant qu'homme ; si c'est une fille, vous lui servirez de point de repère par rapport aux hommes qu'elle connaîtra. La maman est déjà assez présente comme ça, n'en devenez pas la copie conforme.

Et si je devenais père au foyer ?

En France, en 2017, 1,5 % des pères sont au foyer selon l'INSEE. Un chiffre qui semble dérisoire, mais qui montre que le phénomène existe bel et bien ! Évidemment, ce n'est pas toujours simple. La pression sociale est là : les commentaires un peu moqueurs sont fréquents, et il faut avoir la force de résister. Ceux qui ont fait ce choix ne le regrettent pas. S'occuper de leurs enfants à plein temps est un réel bonheur et n'a rien de dévalorisant pour eux, bien au contraire.

Pourquoi être père au foyer ? Souvent, la décision obéit à des raisons financières. La garde de l'enfant revient trop cher pour le ménage, presque autant qu'un salaire, et si c'est l'homme qui gagne le moins bien sa vie, ou s'il a un emploi moins stable, c'est lui qui arrêtera de travailler. Il y a aussi les hommes qui travaillent déjà à la maison et qui ont la possibilité de gérer leurs horaires de travail en toute liberté ou presque. Enfin, n'oublions pas évidemment les pères qui souhaitent du fond du cœur élever leur enfant.

Décider en connaissance de cause

Au-delà des réalités objectives liées à la vie menée par un père au foyer, il existe des questions que vous devez vous poser avant de faire ce choix. Êtes-vous prêt à renoncer à votre vie professionnelle, même si ce n'est que temporaire ? Pouvez-vous trouver une activité, si besoin est, pour vous épanouir intellectuellement entre les courses et les couches ? Il peut s'agir simplement d'un hobby : écrire, peindre, bricoler, s'occuper d'une association…, enfin quelque chose susceptible de combler le vide créé par l'arrêt professionnel.

Les jeunes parents ont tendance à s'isoler quelque peu, surtout au cours des premiers mois, c'est souvent sur leur lieu de travail qu'ils ont le plus de contact avec les autres. Si vous avez besoin pour votre équilibre de voir du monde, assurez-vous que vous pourrez avoir des activités le soir ou le week-end pour compenser.

Peser le pour et le contre

Vous hésitez à cause du regard des autres ? Ne pensez qu'à votre propre motivation. Les moments passés avec vos enfants, les liens profonds qui vous uniront sont si merveilleux qu'il serait dommage d'y renoncer uniquement à cause du jugement d'autrui.

Vous êtes tenté mais vous craignez de ne pas être à la hauteur ? Tout homme, pour autant qu'il en ressente l'envie, est à même de s'occuper d'un nouveau-né aussi bien qu'une femme. Cela n'a rien de compliqué et on apprend très vite ; inutile donc de baisser les bras à la première difficulté venue. La relation qui s'instaure avec le père peut être aussi forte qu'avec la maman. Il suffit pour s'en convaincre de lire les témoignages de certaines mères ayant repris le travail et qui, par la force des choses, passent moins de temps avec leur enfant que le papa. Souvent, ces femmes se sentent exclues tout simplement parce que leur bébé en pleurs se calme davantage dans les bras du père. Exactement l'inverse de ce qui se passe habituellement avec la mère au foyer. Ainsi, plus l'enfant passera du temps avec vous, plus il se sentira en sécurité et plus forte sera votre relation. Si c'est cette peur qui vous freine, convenez qu'elle est injustifiée.

Être père au foyer n'a rien de reposant. Outre les enfants, il faut s'occuper de la maison, des courses, des repas… Et c'est beaucoup de travail. Si ce n'est pas déjà le cas, il faudra apprendre à vous occuper de la maison de A à Z, afin de devenir une parfaite fée du logis, exactement comme votre compagne si les rôles étaient inversés. Être père au foyer est un travail à temps plein, vingt-quatre heures sur vingt-quatre. Mais ceux qui le sont devenus vous diront que c'est le plus beau métier du monde.

Un enfant, ça coûte cher ?

C'est un fait. Quand la famille s'agrandit, les dépenses augmentent : visites chez le pédiatre, vêtements, médicaments, couches… Faire face à cette nouvelle situation peut s'avérer difficile, l'aspect financier constitue d'ailleurs un des principaux soucis des futurs papas : « Va-t-on s'en sortir ? Est-ce que je gagne assez ? Combien ça va nous coûter ? »…, autant de questions que tous les pères se sont posées au moins une fois, surtout quand ils voient le prix des habits pour bébé qui ne dureront, dans le meilleur des cas, que quelques mois avant de devenir trop petits !

L'équipement, le mode de garde et, plus tard, les activités et les études, représentent un coût non négligeable, mais leur utilité vous aidera sans doute à mieux en accepter les dépenses. Pour ma part, je n'ai jamais discuté le prix d'un siège-auto ; par contre, je n'ai jamais compris comment une paire de chaussettes taille 18 pouvait coûter deux fois plus cher qu'un lot de 5 paires en taille 46 ! Les parents sont parfois pris au piège par les commerçants, achetez uniquement ce qui est vraiment nécessaire. Demandez aux autres parents s'ils ont vraiment utilisé ce qu'ils ont acheté et dans quelle mesure ; cela vous permettra d'éviter les dépenses inutiles.

Afin de vous aider à mieux franchir ce cap difficile, nous vous présentons ici quelques conseils, pour faire des économies, et profiter au mieux de votre nouvelle aventure, l'esprit libre et sans souci.

Évitez de vous endetter

Acheter à crédit donne parfois l'impression de ne pas devoir régler ses achats. Mais le moment de payer l'addition arrive toujours, même s'il est repoussé dans le temps. Faites attention aux intérêts qui font monter la note. Si vous vous endettez, c'est le signal que vous dépensez plus que vous ne gagnez, vous devez réduire vos dépenses.

En ce qui concerne les dettes qui remontent à avant la naissance de bébé, là aussi, les choses sont simples : il faut les rembourser même si cela prend du temps, surtout celles dont les taux d'intérêt sont élevés. Il vous faudra faire quelques sacrifices et apprendre à dépenser moins.

Épargnez, même un peu

Il est indispensable de se constituer une réserve d'argent pour faire face aux imprévus. Essayez de mettre une partie de votre revenu sur votre compte-épargne, même si la somme est minime.

Profitez des soldes

Une grossesse dure neuf mois, ce qui veut dire que vous aurez droit au moins à une période de soldes. Profitez-en pour faire quelques achats aux meilleurs prix possibles. De toute façon, certaines choses sont indispensables et remettre l'achat à plus tard vous fait courir le risque de devoir payer le prix fort. Alors, voyez ce dont vous avez absolument besoin et achetez à 20, 30 ou 40 % moins cher.

D'occasion, c'est parfois mieux

Si vous pouvez racheter ou récupérer une ancienne poussette en bon état ou des vêtements, profitez-en ! Pour les plus petits, les habits seront pratiquement comme neufs, car les bébés, qui sont changés tous les jours, les abîment peu. Inutile donc de tout acheter neuf. En ce qui concerne les gros articles (landau, lit…), tout dépend de leur état. Mais là encore, à moins d'être mal en point ou de présenter un danger éventuel (une ceinture abîmée, un loquet de sécurité défaillant…), n'hésitez pas. Ces articles coûtent cher et leur utilité est limitée dans le temps.

Étalez vos dépenses dans le temps

Si vous attendez la naissance, vous devrez faire face à l'ensemble des dépenses en même temps, ce qui peut s'avérer difficile. Soyez prévoyant. Pour certains articles, il n'est pas nécessaire d'attendre les soldes (les couches, les biberons…). Alors, pourquoi ne pas acheter une boîte ou deux avant la naissance ? Qui sait, avec un peu de chance, vous pourriez même tomber sur une promotion et épargner quelques sous.

Déposez une liste de naissance

Établissez une liste de cadeaux aussi longue que possible où vous choisirez vous-même les articles dans le magasin. Transmettez-la à tout votre entourage, par courrier ou par e-mail. Vous recevrez ce dont vous avez effectivement besoin et vous ferez ainsi des économies. Vos amis aussi vous remercieront car ils n'auront pas trop à se creuser la cervelle pour vous faire plaisir.

EXEMPLE DE LISTE DE NAISSANCE

Détente, jeux

Relax • Coussin réducteur relax • Siège de transport pour bicyclette • Parc • Jeux • Tapis de jeux • Trotteur • Peluches • Hochets en éponge • Siège adaptable pour balançoire • Autres

Bain

Thermomètre digital • Baignoire • Sortie de bain • Siège de bain • Anneau de bain • Table à langer • Matelas à langer • Vanity • Corbeille à layette • Ciseaux à ongles • Brosse et peigne • Produits de soins • Jeux pour le bain • Autres

Chambre

Lit • Matelas • Turbulette ou nid d'ange • Draps-housses • Alèse de lit • Tour de lit • Mobile • Veilleuse musicale • Plafonnier • Lampe de chevet • Écouteur bébé • Veilleuse • Berceau • Couffin • Humidificateur • Moustiquaire • Autres

Vêtements

Bodys • Chaussettes • Chaussons • Pyjamas • Ensembles • Grenouillères • Chaussures • Bonnet • Gants • Combinaison pilote pour l'hiver • Doudous • Autres

Repas

Set repas • Biberons • Casier à biberons • Bavoirs • Chaise haute • Coussin réducteur • Autres

Promenade

Siège-auto (coque) 1er âge • Porte-bébé ventral • Porte-bébé dorsal • Sac nursery • Poussette + accessoires • Boulier pour landau • Parasol • Lit de voyage • Écharpe de portage • Autres

Quelles sont les démarches administratives à faire ?

La reconnaissance de l'enfant

La reconnaissance est la façon dont s'établit la filiation, paternelle ou maternelle, d'un enfant naturel avec l'auteur de la reconnaissance. Sans cet acte (à ne pas confondre avec la déclaration de naissance), parents non mariés et enfants sont considérés comme des étrangers, il n'y a pas de droits, ni d'obligations. Par cette démarche, l'enfant naturel acquiert les mêmes droits et les mêmes devoirs que l'enfant légitime envers ses parents. La reconnaissance est une des conditions de l'octroi de l'autorité parentale, elle est donc très importante, voire indispensable. Elle permet aussi la délivrance du livret de famille de parents célibataires français.

L'acte de reconnaissance peut être établi à tout moment et dans n'importe quelle mairie (éventuellement même chez un notaire). C'est l'officier d'état civil qui le rédigera et qui s'occupera de la transcription en marge de l'acte. Tout enfant naturel peut être reconnu par sa mère ou par son père, de façon conjointe ou séparément. C'est un acte personnel et qui n'instaure de liens que pour le parent qui l'effectue. Cependant, pour les enfants dont l'acte de naissance porte le nom de la mère, celui-ci vaut comme reconnaissance pour autant qu'elle élève l'enfant et que celui-ci soit considéré comme tel.

La reconnaissance prénatale conjointe

C'est la reconnaissance de l'enfant à naître par ses deux parents en même temps. L'enfant portera le nom du père. Son principal avantage réside dans le fait de créer des liens de filiation dès la grossesse. L'acte de reconnaissance est rédigé immédiatement par l'officier d'état civil et vous devez le signer. Vous en recevrez une copie que vous devrez présenter lors de la déclaration de naissance.

La reconnaissance prénatale

La reconnaissance intervient avant la naissance de l'enfant, mais elle est effectuée par les deux parents séparément. Vous devrez vous munir d'une pièce d'identité et d'un justificatif de domicile et faire une déclaration à l'état civil. C'est le parent qui effectuera en premier la démarche qui donnera son nom à l'enfant. Au moment de la déclaration de naissance par le père ou par le préposé de la maternité, l'acte de reconnaissance prénatale doit être remis à l'officier d'état civil qui enregistre la naissance (à la mairie du lieu de naissance). Cet acte déterminera le nom patronymique de l'enfant.

La reconnaissance à la naissance

Lors de la déclaration de naissance par le père, la reconnaissance peut être faite simultanément, et la reconnaissance pourra être inscrite dans l'acte de naissance. L'enfant portera le nom du père si la mère n'a pas fait de reconnaissance prénatale. Vous pourrez aussi demander un livret de famille à ce moment.

La reconnaissance après la naissance

Si la reconnaissance n'a pas été faite avant ou au moment de la naissance, elle peut être faite après, en se présentant dans n'importe quelle mairie avec un extrait de l'acte de naissance ou, dans le cas où l'un des parents aurait déjà reconnu l'enfant, du livret de famille. L'enfant porte le nom du premier parent qui le reconnaît. Si par ailleurs la reconnaissance n'est pas faite de façon conjointe par les deux parents, le deuxième doit la faire s'il veut prétendre exercer l'autorité parentale. La mention de reconnaissance apparaîtra en marge de l'acte de naissance de l'enfant.

Il n'est pas nécessaire d'avoir le consentement de l'autre parent pour reconnaître son enfant. Cependant, l'officier d'état civil du lieu où la reconnaissance a été proclamée est tenu d'en informer le premier parent. Toute fausse reconnaissance encourt des suites judiciaires. Vous pouvez passer par un notaire pour cette démarche.

Légitimation d'un enfant naturel en France

Si vous êtes marié à la mère de l'enfant, votre enfant est légitime. Si vous ne l'êtes pas, il est dit « naturel ». La légitimation va donner à l'enfant naturel le statut d'enfant légitime.

Pour ce faire, deux possibilités : soit le mariage des parents, soit une décision de justice.

Dans le cas du mariage, la légitimation de l'enfant est automatique si les parents ont reconnu l'enfant auparavant ou s'ils le font au moment du mariage. Si ce n'est pas le cas, il leur faudra alors passer par la justice pour légitimer l'enfant. Le juge constatera que l'enfant est considéré par l'entourage et les parents comme un enfant commun. Celui-ci sera alors considéré comme légitime à partir de la date du mariage. Un avocat, dont vous devrez payer les honoraires, présentera la requête de légitimation devant le tribunal. Pour faire face aux frais engendrés, vous avez la possibilité, dans certains cas, de faire appel à l'aide juridictionnelle. Adressez-vous à un tribunal ou à la mairie pour voir si vous y avez droit.

Il peut arriver parfois que le mariage soit impossible, par exemple dans le cas où l'un des parents est déjà marié. Dans ce cas de figure bien précis, il faut l'accord du conjoint afin de pouvoir légitimer un enfant naturel. Si le mariage n'est pas possible, il faut nécessairement passer par une décision de justice.

Le congé de paternité

En octobre 2020, l'Assemblée nationale a voté l'allongement du congé de paternité, le faisant passer de 14 à 28 jours consécutifs (y compris les samedis, dimanches et jours fériés), dont 7 jours obligatoires. Il devrait entrer en vigueur en juillet 2021. Sept jours seront ajoutés dans le cas d'une naissance multiple.

Qui peut en bénéficier ?

Le congé de paternité s'applique :

- à tous les pères salariés (peu importe la nature de leur contrat de travail),
- aux stagiaires de la formation professionnelle (qui doivent être affiliés obligatoirement au régime de la Sécurité sociale),
- aux chômeurs indemnisés.

Sous réserve d'adaptation, il peut s'appliquer aussi :

- aux agents de la fonction publique,
- aux militaires,
- aux travailleurs non salariés du régime agricole et non agricole,
- aux professions libérales.

Quand a-t-on le droit de prendre son congé de paternité ?

Vous pourrez prendre votre congé de façon fractionnée, avec 7 jours obligatoires au moment de la naissance de votre enfant, puis les 21 jours de façon aléatoire mais dans les 4 mois suivant l'accouchement.

Vous devrez avertir votre employeur au plus tard un mois avant le début du congé (par lettre recommandée avec accusé de réception), et lui préciser la date à laquelle vous arrêterez votre activité professionnelle, ainsi que la durée de votre congé et la date de reprise d'activité. Vous devrez joindre à votre demande la photocopie du livret de famille (ou de l'extrait d'acte de naissance ou bien encore du certificat médical attestant de la date prévue de la naissance). L'employeur ne peut pas vous refuser votre congé de paternité, mais dans le cas où celui-ci devrait intervenir à une autre date que prévu, il vous faudra son accord. Votre employeur remplira l'attestation de salaire et l'adressera à votre caisse d'assurance maladie dès le premier jour de congé paternité.

Vous aurez aussi à justifier la filiation de votre enfant auprès de votre caisse d'assurance maladie, en fournissant une copie de l'acte de naissance de l'enfant, ou une copie mise à jour de votre livret de famille, ou encore une copie de l'acte de reconnaissance de l'enfant. Ces démarches peuvent aussi être accomplies par l'employeur au moment de la transmission de l'attestation de salaire. C'est la caisse d'assurance maladie à laquelle vous êtes affilié qui prendra en charge le paiement, par virement, de l'indemnité journalière paternité.

CERTAINS HÉSITENT ENCORE

En 2020, avant la nouvelle loi, 70 % des pères ont recours au congé paternité... ce qui laissent 30 % d'hommes ne le prenant pas. Les raisons sont multiples mais la plus répandue est la peur de perdre son emploi pour les travailleurs les plus précaires. Si vous hésitez, n'oubliez pas que c'est là un droit qui ne peut vous être refusé, et vous ne devez avoir aucun scrupule à le prendre. Est-ce que votre employeur renonce à ses droits envers vous ? Tout au plus, vous pouvez ne pas le prendre en entier tout de suite, mais n'y renoncez en aucun cas par conscience professionnelle. Ne soyez pas plus royaliste que le roi.

Lettre type de demande de congé de paternité

Vous devrez l'adresser à votre employeur par lettre recommandée avec accusé de réception au plus tard un mois avant le début souhaité du congé.

Nom, prénom
Lieu, date
Adresse
(au minimum 1 mois avant le début du congé)

Madame, Monsieur,

En vertu de l'article l.122-25-4 du Code du travail, je vous informe que mon enfant est né (ou devrait naître) le < date >.

Je souhaite bénéficier du congé de paternité à partir du < date du début du congé > jusqu'au < date de fin de congé >.

Je vous joins la photocopie du livret de famille (ou de l'extrait d'acte de naissance ou bien encore du certificat médical attestant de la date prévue de la naissance).

Je vous prie d'agréer, Madame, Monsieur, l'expression de ma considération distinguée.

< signature >

Les indemnités

Le montant des indemnités journalières est calculé en fonction du salaire journalier de base. Ce sont les trois derniers salaires bruts perçus avant la date d'interruption du travail qui sont pris en compte. Par ailleurs, le salaire ne peut dépasser le plafond mensuel de la Sécurité sociale. En 2020, il est fixé à 3 428 euros par mois en 2020 (contre 3 377 euros en 2019). Par conséquent, le montant des indemnités journalières s'élève à 9,63 euros par jour (au minimum), et au maximum à 89,03 euros par jour. Renseignez-vous auprès de votre convention collective, certaines permettent parfois de maintenir le salaire du père durant son congé paternité. Enfin, les indemnités journalières vous seront versées tous les 14 jours.*

Congé d'adoption

Le congé de paternité s'applique aussi dans le cas d'une adoption. L'Assemblée nationale a également voté en octobre 2020 l'allongement du congé pour l'adoption d'un enfant. La durée du congé d'adoption passe ainsi de 10 à 16 semaines. Notons que ce nouvel amendement concernera les parents adoptants qui n'ont pas encore d'enfant ou un seul à charge. La durée de 18 semaines pour les familles de deux enfants ou plus n'est pas modifiée.

---

* Ces données seront amenées à changer lorsque la loi entrera en vigueur en 2021.

Le couple

Comment et quand l'annoncer ?

L'annonce à la famille est toujours un grand moment. Elle consacre en quelque sorte l'entrée en société de l'enfant qui commence à exister aux yeux de tous. Vis-à-vis de la famille, vous changez de statut : vous voilà parents à votre tour.

Le moment opportun ?

Il n'y a pas en fait de moment idéal pour annoncer la grossesse. Certains le font dès que les règles sont en retard, d'autres attendent la fin du premier trimestre, moment où le risque de fausse couche est sensiblement réduit. C'est à vous de voir. En attendant, vous protégez votre entourage si quelque chose devait mal se passer. D'un autre côté, leur soutien peut être important pour surmonter les moments difficiles. Si la famille n'est pas au courant, partager la nouvelle avec un ami très proche est vivement conseillé : d'une part, vous aurez sans doute envie de confier cette joie, d'autre part, le premier trimestre peut s'avérer pénible à vivre pour vous, surtout si la maman souffre de « symptômes » (sautes d'humeur, nausées…) très accentués. Avoir quelqu'un à qui parler vous sera d'un grand réconfort.

Comment l'annoncer ?

Il n'existe pas non plus de « bonne façon » d'annoncer cette nouvelle. Le plus souvent, ce sera un moment de pur bonheur pour toute la famille et vous pouvez le dire très simplement avec un : « On va avoir un bébé. » Si la nouvelle suscite peu d'enthousiasme, voire une désapprobation de votre entourage, ne soyez pas déstabilisé, ce qui compte, c'est que vous soyez heureux. Le bonheur étant souvent contagieux, les autres finiront par suivre le mouvement et le charme infaillible du bébé achèvera de les convaincre.

Comment notre couple va-t-il changer ?

Quand vous étiez deux, vous aviez tout le temps de vous consacrer l'un à l'autre tout en rencontrant du monde pour ne pas rester repliés sur vous-mêmes. À partir de maintenant, vous vous en doutez bien, tout cela va changer : l'enfant devient la priorité. Vous disposerez de moins de temps pour votre couple, surtout si vous avez des difficultés à vous organiser. Vous devrez trouver un nouvel équilibre au sein de votre couple. Ce ne sera pas toujours facile. Il vous faudra entretenir la flamme, alors que la vie d'un bébé est centrée sur ses rythmes et qu'une certaine routine (le petit a besoin de repères) s'installe. Il n'y aura plus de place, durant au moins un bon moment, pour les folies.

Les premiers mois sont très éprouvants, et vous serez tous les deux fatigués. Du coup, votre vie sexuelle (p. 79) sera le plus souvent la première à en pâtir. Quand vous aurez un instant de répit, vous n'aurez pas spécialement envie de vous aimer, mais plutôt de vous reposer, sans compter que la fatigue rend irritable et que vous pouvez vous disputer plus souvent qu'avant.

Ne plus être le centre de l'univers l'un pour l'autre n'est pas évident à vivre non plus, on l'accepte difficilement. Chez l'homme, cela se traduit par une jalousie envers l'enfant (p. 33) ; chez la femme, par le sentiment d'être un peu délaissée, surtout quand le père ne la seconde pas auprès du bébé ou pour les tâches ménagères. Il arrive souvent que, accaparée par son rôle de mère, la femme néglige sa vie amoureuse. Trouver le juste équilibre ne se fera pas du jour au lendemain. Cela demande du temps et s'avère parfois difficile. Ce n'est pas pour rien si bon nombre de couples se séparent dans les premières années, voire les premiers mois qui suivent la naissance.

Vivre en famille tout en préservant son couple

Désormais, vous n'êtes plus un couple, vous formez une famille. Certes, quelque chose vous unit à jamais, mais les sujets de discorde vont se multiplier aussi, en particulier en matière d'éducation. Si vous ne réduisez pas vos activités respectives afin d'être ensemble plus souvent, vous risquez de ne plus passer assez de temps à deux pour entretenir votre amour. C'est vous, le mari, qui devrez faire preuve d'efforts et de patience. Les femmes, c'est un fait, ont davantage tendance à s'investir corps et âme dans leur nouveau rôle. Les hommes s'y consacreront de façon moins exclusive, ne seraitce que parce qu'ils renoncent bien plus difficilement à leur vie sexuelle. Vous devrez pourtant savoir vous adapter tout en imposant certaines limites de façon à préserver votre couple.

La meilleure chose à faire est de vous impliquer vous-même au maximum dans la vie du bébé. Plus vous vous en occuperez, plus la maman aura du temps libre pour elle. En étant femme, et non plus mère, elle aura des besoins et des désirs qu'elle oublie quand elle se consacre uniquement à son enfant.

Les liens se resserrent

Autre changement dans le couple, l'enfant crée un lien plus étroit entre l'homme et la femme. En cas de rupture, vous ne pourrez pas simplement faire comme si vous n'existiez plus l'un pour l'autre. Si vous vous séparez, vous y réfléchirez à deux fois pour le bien de l'enfant. Vous allez aussi voir les choses à long terme et non plus seulement à court ou à moyen terme. Vous prendrez plus de décisions en commun. Vous parlerez aussi davantage entre vous parce que cet enfant vous offrira de nouvelles raisons de le faire chaque jour ; veillez tout de même à élargir vos centres d'intérêt et vos sujets de conversation.

RÉORGANISER LES RÔLES

Quand on passe de deux à trois, l'équilibre qui s'était établi jusqu'alors au sein du couple est fortement modifié et remis en cause. Au rôle de chacun dans le ménage vient s'ajouter celui de chaque parent auprès de l'enfant, sans compter toute une série d'activités nouvelles qu'il est nécessaire d'accomplir. Outre une répartition aussi équitable que possible, il faudra probablement revoir aussi l'organisation des tâches déjà définies et acceptées entre vous.

Est-ce que les parents ont encore une vie de couple ?

Bien sûr que oui ! En dépit de votre statut de parents, vous n'en êtes pas moins un homme et une femme, même si, au cours des premières semaines, vous en douterez. Ce ne sera sans doute pas toujours évident, surtout au début, et il faudra que vous y mettiez du vôtre tous les deux, mais rien ne vous empêche d'entretenir votre relation amoureuse. Enfin, presque…

Non seulement c'est possible, mais c'est même vital si vous voulez continuer à être heureux ensemble. Une fois que bébé fera ses nuits ou qu'il ne prendra plus le sein, rien ne vous empêche de faire appel de temps en temps à une baby-sitter. Au début, vous aurez un peu de mal à laisser votre enfant à quelqu'un d'autre, mais aujourd'hui, avec le téléphone portable, vous êtes joignable à tout moment, il suffit donc de trouver quel-qu'un de confiance et de responsable puisque vous pouvez toujours rentrer rapidement à la maison en cas de problème. Autre alternative, la famille : en général, les grands-parents seront ravis d'avoir l'enfant un peu de temps rien qu'à eux.

Entretenir la flamme

Donnez-vous le temps de vous acclimater à cette nouvelle vie qui est la vôtre. La venue d'un enfant n'a rien d'anodin. C'est tout votre univers, vos rythmes, qui se trouvent chamboulés. Vous allez avoir quelques mois épuisants, surtout physiquement. Se lever toutes les nuits deux, voire trois fois (non, ce n'est pas uniquement une affaire de femmes) laisse des traces. Si vraiment vous n'avez pas le cœur ou la force de prendre du temps à deux quand bébé dort, n'attendez pas trop longtemps quand même. Il n'y a rien de pire qu'une routine qui s'installe dans un couple.

Un petit repas aux chandelles, même à la maison, vous fera le plus grand bien. Prenez le temps, le matin avant d'aller travailler et le soir, une fois le petit au lit, de parler de votre journée, de l'actualité… Un bouquet de fleurs, un resto, un petit poème…, il suffit de peu de choses pour entretenir la flamme. Plus tard, une escapade, le temps d'un week-end ou d'une petite semaine, vous oxygénera.

Comment notre vie sociale va-t-elle changer ?

Vous faisiez partie d'une bande de copains qui étaient toujours ensemble ? Avec qui vous partagiez des loisirs et partiez en vacances ? Eh bien, il va falloir vous y résoudre, il sera difficile de garder le même type de rapports avec vos amis, surtout si vous êtes parmi les premiers à avoir un enfant. C'est inévitable, et ce dès la grossesse. Vous allez devenir plus casaniers et moins disponibles, vous ne pourrez plus faire des choses en improvisant, vous devrez organiser vos sorties à l'avance pour réserver la baby-sitter. Partir au ski ou en randonnée ? Oubliez, du moins tant que le bébé est en bas âge.

De nouvelles rencontres

Au début, vous serez tellement absorbé par le nouveau-né que vous préférerez passer vos rares moments de libres à deux. Et tout doucement, les contacts avec les autres vont s'espacer. Quant à vos amis, ils ne seront pas vraiment emballés à l'idée d'être soumis à vos contraintes de jeunes parents, même s'ils ne vous l'avoueront pas. À leur place, vous feriez peut-être la même chose. Mais vous ne vous retrouverez pas seuls pour autant, les amis, les vrais, seront toujours là. Simplement, vous les verrez peut-être un peu moins et pour faire des choses différentes.

En revanche, vous rencontrerez d'autres parents, avec qui vous nouerez des relations. C'est le cas si vous avez une place en crèche, par exemple. Plus votre enfant grandira, plus vous aurez l'occasion d'élargir le cercle de vos connaissances grâce à lui (l'école, le sport, les activités extra-scolaires...) ; parallèlement, vous aurez davantage de temps pour renouer avec vos anciens copains, qui seront peut-être devenus eux aussi parents, avec les mêmes contraintes que vous.

Moins d'argent pour les loisirs

Un autre aspect qui a indirectement une influence sur votre vie sociale, c'est l'argent. Un enfant, ça pèse sur le budget. Vous en aurez donc moins pour aller au restaurant ou partir en vacances... En outre, si vous n'avez pas un membre de votre famille qui peut garder votre bébé, la sortie vous coûtera plus cher du fait de la baby-sitter. Mais ne vous inquiétez pas : vous sortirez une fois par semaine au lieu de deux ou trois, vous recevrez vos amis chez vous... De toute façon, au début, vous n'aurez probablement plus envie de sortir autant. Et si, toutefois, vous le souhaitiez vraiment, avec des amis compréhensifs, un peu d'organisation et de la bonne volonté, tout est possible.

SORTIR À PEU DE FRAIS

Si, comme la plupart d'entre nous, la venue du bébé vous contraint à surveiller vos dépenses, tournez-vous vers des activités moins onéreuses qui vous permettent de continuer à sortir de votre nid d'amour.

Invitez vos amis à dîner, c'est plus abordable que le restaurant, d'autant qu'ils vous rendront la pareille. Redécouvrez le plaisir des longues balades en forêt (éventuellement avec bébé), des concerts en plein air, des pique-niques, des expositions...

Dans les bars, optez plutôt pour une bière ou un soda. Au cinéma, profitez des formules d'abonnement. Évitez de cumuler les activités pour la même soirée (exemple : restaurant, puis discothèque ou cinéma suivi d'un pub), cela vous permettra avec un même budget (hormis la baby-sitter si nécessaire) de sortir deux fois au lieu d'une seule.

Inventez de nouvelles formes de sorties, peut-être différentes de celles dont vous aviez l'habitude, mais aussi agréables tout en étant moins chères.

Je ne reconnais plus ma femme, est-ce normal ?

Dans des situations exceptionnelles, il peut arriver que la réaction de quelqu'un nous surprenne. C'est exactement ce qui se passe lors d'une grossesse mais cela dure plusieurs mois. Dans la tête, le cœur et le corps de votre femme, il se passe des choses imprévisibles, des choses qu'elle n'a jamais affrontées auparavant et ni vous, ni elle, ne savez comment elle les vivra. Il en va de même pour les grossesses suivantes. Ce n'est pas parce que la première a été facile que les autres le seront, et inversement.

Le rôle joué par les hormones

Tout rapporter aux hormones serait simpliste, néanmoins on compare parfois le premier trimestre au syndrome prémenstruel, avec des effets bien plus intenses. Non seulement ces hormones ont des répercussions sur la femme, mais on sait maintenant qu'elles agissent aussi sur l'homme. Plus celui-ci est physiquement proche d'elle au cours de la grossesse, plus il en ressentira les effets. Il faudra du temps au corps féminin pour s'habituer au nouveau taux hormonal. Et cela ne se fera pas du jour au lendemain. Ajoutez-y les émotions et les sentiments que vous connaissez vous-même et vous comprendrez pourquoi votre femme peut être différente. Fort heureusement, tous ces changements ne sont pas définitifs, ni toujours négatifs. Et dites-vous que cela vous distraira un peu de la routine !

Sautes d'humeur, fatigue, émotivité

Ne vous inquiétez pas si votre compagne se sent fatiguée, c'est un des premiers symptômes de la grossesse. Ne vous étonnez pas si elle devient très émotive, si elle fond en larmes pour un rien, ou encore, si elle est casanière. De la même façon, elle peut désormais détester ses plats favoris et raffoler de choses dont elle avait horreur. Si c'est vous qui faites la cuisine, essayez de vous adapter.

Ces changements peuvent vous perturber et vous déstabiliser : comment cette femme que vous aimez, avec qui vous avez décidé de fonder une famille, peut-elle se montrer tellement différente ? Encore une fois, n'ayez crainte : tout rentrera dans l'ordre (ou presque) à la naissance. Bien sûr, il serait illusoire de penser que votre femme redeviendra exactement comme autrefois, vous-même n'y échapperez pas, mais il faut le voir comme une perspective enrichissante. Votre compagne aura probablement la même impression que vous à votre égard. Si tel est le cas, rien ne vaut le dialogue pour réapprendre à vous connaître, comprendre pourquoi vous avez changé, et rectifier les nouveaux traits de caractère qui pourraient déplaire.

COMPRENDRE NE VEUT PAS DIRE TOUT ACCEPTER

La période des sautes d'humeur est extrêmement difficile à vivre pour certains hommes qui sont complètement décontenancés par les pirouettes émotives de la maman. Quoi qu'ils fassent, ils sont à côté de la plaque. Ils comprennent bien que la femme n'agit pas dans l'intention de leur nuire, mais ils ont beau se mettre en quatre et tout accepter, les choses empirent. Si tel est votre cas, ne vous laissez pas faire. Comprendre ne veut pas dire renoncer à imposer des limites. Parfois, il faudra signifier à la maman qu'elle dépasse les bornes et que son état ne lui donne pas tous les droits. Si vous ne la freinez pas, elle risque de provoquer des blessures difficiles à oublier.

Qu'est-ce que la maman attend de moi ?

Remplir notre tâche de père est d'autant plus difficile que l'on ne sait pas toujours ce que l'on attend de nous. Pour répondre à cette interrogation, quelque 250 mamans ont accepté de répondre à un questionnaire où elles précisent de quelle façon elles conçoivent le rôle de leur compagnon. On verra qu'il reste sans doute encore beaucoup à faire pour que la place du père soit estimée à sa juste valeur.

S'impliquer dès la grossesse

La plupart des mamans considèrent que le rôle du père commence dès l'annonce de la grossesse : échographies, visites chez le médecin, accouchement…, autant d'épreuves que les mères comptent vivre avec votre soutien. Elles souhaitent aussi que leur charge de travail à la maison soit allégée dès cet instant. Leur attente est légitime. En effet, vous impliquer dans la vie de bébé dès sa conception vous permettra de trouver votre place en tant que père. Aider la future maman est aussi important pour qu'elle ne se fatigue pas trop, ce qui serait mauvais pour le bébé ; en outre, sa grossesse doit être vécue de la façon la plus positive. Mais attention, ceci ne signifie pas pour vous l'abnégation totale.

Partage des tâches domestiques

Le point commun à pratiquement tous les témoignages recueillis concerne les tâches domestiques (ménage, courses, cuisine…) auxquelles le père devrait participer... si ce n'est pas déjà le cas avant l'annonce de la grossesse ! Parmi les raisons citées revient souvent l'idée du partage des tâches au nom de l'égalité des sexes, mais aussi parce que la maman a besoin de repos. Tout le temps que vous passerez à faire du ménage sera du temps de gagné pour faire des activités à trois, avec le bambin et la maman, ce qui est toujours une excellente chose.

Soins quotidiens à l'enfant

Changer les couches, donner le bain ou le biberon, sont autant de tâches que les mères attendent de vous. On rencontre deux optiques différentes : il y a celles qui considèrent que c'est normal de les soulager d'une partie du travail et d'autres qui encouragent les pères dans cette voie parce qu'elles ont conscience que ces moments sont autant d'occasions pour créer un lien privilégié avec l'enfant et se connaître l'un l'autre. En satisfaisant ses besoins primaires, le bébé vous associera très vite à quelque chose de positif et de sécurisant.

Laisser le père libre d'exercer son rôle

C'est dans les couples où la mère laisse le plus de liberté au père en matière éducative que les choses se passent le mieux. Chaque parent y trouve son juste équilibre, ce qui est évidemment très bénéfique pour l'enfant. En vous laissant la possibilité d'exercer votre rôle à votre manière et non pas en imposant la sienne, la maman vous permet de mieux trouver vos marques dans votre nouvelle identité et vous fait confiance. De cette façon, vous pourrez vous occuper plus facilement de votre bébé et l'envie de le faire n'en sera que plus forte.

Le modèle évolue

Si subvenir aux besoins de la famille est toujours considéré comme important pour les femmes, le rôle traditionnel du père ne suffit plus aux yeux de votre compagne. L'époque où, après une dure journée de labeur, l'homme pouvait rentrer embrasser sa petite famille à la va-vite et s'installait devant la télévision est révolue. Désormais, l'homme est disponible envers les enfants et envers votre compagne, même si elle est au foyer.

Outre le fait que vous allégez la tâche de votre épouse en vous occupant de vos rejetons, vous aurez des moments privilégiés avec eux, ce qui, au bout du compte, sera vraiment profitable et vous oublierez par la même occasion vos soucis professionnels. Vous gagnez ainsi sur tous les tableaux : d'une part, vous faites plaisir à la femme que vous aimez et, d'autre part, vous créez une complicité avec votre bébé, complicité bien utile plus tard lorsque vous ne devrez plus pouponner mais éduquer. Sans compter que ces moments privilégiés vous apporteront beaucoup de bonheur et peuvent répondre à une véritable envie, un vrai besoin d'implication de votre part.

Attentionné et aimant

En plus de votre rôle de nouveau père, les mères attendent que vous soyez aussi des maris attentionnés et des amants romantiques. Certains de vous se diront sans doute : « Mais depuis qu'elle a son bébé, elle a oublié d'être femme. » Certes, les cas où la mère est totalement investie dans son nouveau rôle sont fréquents. Mais dites-vous que si vous vous impliquez dans la vie de vos enfants, cela la rendra plus disponible aux câlins.

Pour finir, voici deux phrases que des mamans m'ont confiées. Sylvie nous avoue : « Bref, pas facile d'être papa de nos jours, il faut dire que c'est la génération qui veut ça… » Mais plus vrai, et plus beau encore, une autre maman nous dit : « Un père se fait respecter, un papa se fait aimer. » Je pense qu'on a tous à apprendre de cette dernière phrase.

LUI SIGNIFIER VOS ATTENTES

S'il est souvent difficile de connaître avec précision ce que votre femme attend de nous, il est important pour vous de lui préciser ce que vous attendez d'elle. Le rôle de la mère s'est modifié ces dernières années (ne serait-ce que par la présence plus active des pères auprès de leurs enfants). Dites-lui comment vous envisagez votre rôle de père. Mieux vaut définir clairement les choses à l'avance pour éviter les polémiques après la naissance.

Comment ne pas irriter ma compagne ?

Une femme enceinte ne doit pas être stressée, ni nerveuse, ce n'est pas bon pour elle et donc, pour l'enfant. Pourtant, vous essayez de faire en sorte qu'elle soit aussi calme que possible, et vous l'énervez quand même… Comment l'éviter ? Tout d'abord, demandez-vous, objectivement, si c'est vous qui l'énervez vraiment ou s'il s'agit d'autre chose. Pendant la période des sautes d'humeur, le premier trimestre surtout, si celles-ci sont fréquentes et intenses, il est presque utopique d'espérer passer au travers. Vous n'y êtes donc pour rien, elle non plus d'ailleurs. Mais ne prenez pas cela comme un alibi facile. Efforcez-vous de faire de votre mieux et, si cela survient, armez-vous de patience.

LES TRUCS POUR NE PAS L'IRRITER

Vous voulez la protéger, mais ne la surprotégez pas : elle est enceinte, pas handicapée. Si vous pouvez accomplir une chose à sa place, faites-le tout simplement, sans dire : « Ne fais pas ça, tu es enceinte. » Ne lui donnez surtout pas l'impression d'être sur son dos ou de la surveiller tout le temps. Elle va devenir mère, elle est adulte, si on la traite comme une gamine ou une personne malade, elle ne l'appréciera pas.

Pendant les sautes d'humeur, essayez de faire comme elle veut, autant que possible. Ne prenez pas ce qu'elle dit pour argent comptant. De toutes les façons, cette période ne va plus durer longtemps encore, et après, tout ira bien. Évitez aussi de froisser sa susceptibilité en plaisantant sur son physique ou sa prise de poids. Si certaines le vivent très bien et se trouvent belles comme jamais, pour d'autres, c'est tout le contraire. Vous risquez donc de la blesser ou de l'irriter. Rappelez-vous, une femme enceinte est beaucoup plus sensible et émotive que d'habitude.

Si elle se rapproche de sa mère, un peu trop à votre goût peut-être, ne critiquez surtout pas celle-ci. Une femme enceinte a souvent tendance à rétablir des liens très forts avec sa propre mère, voire à la prendre comme modèle, elle n'appréciera guère vos remarques.

Comment rassurer ma compagne ?

Vous l'aurez compris, votre rôle principal au cours de la grossesse et de l'accouchement consistera à soutenir mais aussi à rassurer la future maman. Ce ne sera pas toujours évident, mais il vous faudra bien trouver le moyen de le faire.

Sur le plan médical

Pour tout ce qui est médical (la santé de bébé, la grossesse ou l'accouchement), cela sera à la fois plus simple et plus compliqué. Plus simple parce que vous pourrez toujours lui dire de passer un coup de fil à son médecin ou sa sage-femme. Rappelez-lui que les docteurs savent ce qu'ils font, qu'ils sont compétents et sont à même d'agir en cas de besoin.

Plus compliqué parce que vous n'aurez d'autre recours que le fait de vous informer beaucoup sur tout ce qui a trait à ses soucis. Même si cela n'est pas toujours évident, vous devriez trouver des éléments de réponse assez rapidement sur Internet. En lui montrant que vous vous impliquez et que vous savez des choses, vous vous affirmerez dans votre rôle de futur père, la réconforterez et... en ressortirez grandi à ses yeux.

Si elle doute d'elle-même

Si elle a peur de ne pas être à la hauteur, dites-lui que vous avez confiance en elle, que vous ne doutez en aucun cas de ses capacités. Dans les moments de faiblesse, assurez-lui que vous serez là et que vous les dépasserez ensemble. Elle n'a pas besoin d'être parfaite, elle apprendra à être maman, comme vous à être papa, et votre enfant aura vraiment de la chance de l'avoir comme mère car elle saura lui donner tout l'amour possible.

Si elle doute de vous

Ne vous sentez pas agressé. Au contraire, discutez-en calmement afin de bien saisir la raison de ses inquiétudes et de pouvoir la rassurer. Tant que vous ne saurez pas avec certitude ce qui la tracasse vraiment, vous ne pourrez pas la convaincre.

Expliquez-lui ce que vous ressentez, pourquoi vous agissez d'une certaine façon. Souvent, il s'agit de malentendus ou d'a priori. Demandez-lui ce qu'elle attend de vous (p. 64). Dites-lui que vous les aimez, elle et l'enfant. Tenez-vous prêt aussi à vous remettre en cause car il est possible que ses craintes soient justifiées. Il vous faudra alors faire un gros travail sur vous-même, en la consultant pour savoir ce que vous devez changer et comment.

Compréhensif et présent

Quoi qu'il en soit, ne tournez pas en dérision ses inquiétudes. Même si elles vous semblent absurdes. Accordez-y autant d'attention que possible, et au lieu de réagir par : « N'importe quoi ! » ou encore : « Tu te fais des films », répondez que vous comprenez ses interrogations, mais qu'avant de s'inquiéter outre mesure, il vaut mieux prendre le temps de s'informer et de voir ce qu'il en est vraiment. Prenez-la dans vos bras, tout simplement ; ainsi, elle ne se sentira plus seule et elle saura qu'elle peut compter sur vous en cas de difficulté.

Lui confier mes inquiétudes l'angoissera-t-il encore plus ?

Non seulement vous pouvez vous épancher, mais vous le devez. Garder cela pour vous ne fera qu'augmenter vos propres doutes. Certes, en parler à une tierce personne au regard plus objectif peut s'avérer fort utile, mais c'est aussi une affaire du couple, et c'est ensemble que vous devez la régler. Sans compter que votre compagne prendra facilement votre mutisme comme un manque d'intérêt de votre part et risque de vous le reprocher. Inutile de créer des malentendus qui peuvent facilement être évités, la grossesse apporte déjà son lot de tensions dans le couple.

Le moment opportun

Choisissez votre moment pour aborder le sujet et faites preuve de tact. Vous êtes inquiet, c'est normal et elle le comprendra. Mais veillez à formuler les choses de façon qu'elle n'ait pas l'impression que vous avez des regrets. Dites : « On va devoir s'organiser pour pouvoir sortir de temps en temps », plutôt que : « Maintenant, on va être coincé à la maison tous les soirs », cela passera nettement mieux.

Vous éviterez aussi de vous épancher au cours du premier trimestre. En effet, à cette période, la future maman est assez instable du point de vue émotif, et elle risquerait de se fâcher ou de fondre en larmes. Attendez plutôt le début du deuxième trimestre pour aborder les sujets les plus sensibles. De toute façon, la grossesse reste en général quelque chose d'assez abstrait pour l'homme au cours des trois premiers mois. Le corps de la future maman n'a pas encore changé, et hormis sa fatigue, les nausées ou les sautes d'humeurs éventuelles (p. 127), peu de choses vous rappelleront qu'un enfant est en train de se développer dans son ventre. Le gros des questions viendra plus tard, sans doute.

Profitez du deuxième trimestre pour lui parler ouvertement de l'accouchement, de l'organisation de vos vies une fois que le bébé sera là. S'il y a des chances pour que la naissance bouleverse en partie vos décisions communes, le fait d'envisager tous les deux à l'avance les modalités de garde, de travail, la chambre du bébé…, vous aidera à être plus serein le moment venu.

Elle me reproche de ne pas m'impliquer assez

Voilà, le test a à peine confirmé la grossesse que votre compagne se sent déjà maman et elle fait déjà mille projets concrets. Peu importe que vous ayez encore neuf mois devant vous, pour elle, c'est comme si le bébé était déjà là. Pour vous, l'euphorie de la nouvelle passée, tout redevient comme avant ou presque. Ce bébé demeure quelque chose d'abstrait. Ce décalage est source de problèmes. Vous *allez devenir* papa, elle est *déjà* maman.

Les préparatifs

Rares sont les hommes qui se sentent pères dès l'annonce de la grossesse. Ainsi, pour vous, il est inutile de s'occuper de la chambre du bébé des mois à l'avance. Pour elle, si. Passé le troisième mois où le risque de fausse couche est plus faible, elle se sentira moins fatiguée, alors, mettez-vous au travail. En fin de grossesse, elle ne pourra pas se lancer dans les travaux et il est important à ses yeux de les réaliser, cela fait partie de la fête, un peu comme le sapin à Noël : le trouver tout prêt c'est bien, le décorer, c'est mieux. Par ailleurs, si vous ne suivez pas le mouvement, elle jugera que vous n'êtes pas heureux d'être père.

Elle a acheté 86 revues sur la grossesse et aimerait que vous les lisiez ? Demandez-lui de vous dire quels articles lui ont semblé intéressants. Si vous ne cherchez pas à vous informer, elle pensera que vous ne vous intéressez pas à au futur bébé.

Quand elle veut absolument faire les boutiques et que vous n'en avez pas envie, regardez au moins ce qu'elle a acheté quand elle rentre. Cela ne vous prendra qu'une minute ou deux, et cela évitera des reproches. Et lorsque vous-même êtes dans les magasins, pourquoi ne pas jeter un coup d'œil aux vêtements pour enfants ? Voyez aussi le côté positif : vous étalerez ainsi ces dépenses qui sont indispensables, et peut-être profiterez-vous de promotions ou de soldes. Ce sera donc moins douloureux pour le budget (p. 43).

Ouvrir son cœur

Quand elle vous parle sans cesse du bébé, même si à la longue vous pouvez trouver cela lassant, efforcez-vous de l'écouter. Dites-lui éventuellement que vous souhaitez aussi parler d'autres choses, parce que vos vies ne doivent pas tourner uniquement autour de l'enfant et que vous comptez en consacrer une partie à votre couple. Osez aussi parler de ce que vous ressentez, de vos peurs, de vos espoirs…, sans exagérer ; partagez simplement ce que vous avez sur le cœur. Si vous ne lui dites rien, par pudeur ou parce que vous ne savez pas comment le lui dire, elle le percevra comme de l'indifférence. Tout doucement, vous constaterez alors que vous vous impliquez davantage parce que vous vous sentez père. Et à partir de là, les reproches n'auront plus lieu d'être.

LA GROSSESSE ET VOUS, ÇA FAIT DEUX

Certains hommes n'arrivent pas à se sentir impliqués dans une grossesse, à aucun moment. Les préparatifs, les discussions tournant autour de l'enfant les ennuient et ne présentent pas de réel intérêt pour différentes raisons : préjugés, enfant non désiré, refus d'assumer sa paternité, idée traditionnelle que la grossesse ne regarde que les femmes.

Si vous vous retrouvez dans ce cas, ne culpabilisez pas outre mesure en vous disant que vous ne serez jamais un bon père. Vous pouvez très bien vous sentir impliqué une fois que votre enfant sera né ou même plus tard encore. Le manque d'intérêt dont vous faites preuve aujourd'hui peut disparaître par la suite et vous pourrez établir malgré tout une relation très forte avec votre enfant.

Comprenez cependant que la mère risque d'être blessée et déçue par cette attitude. Veillez à trouver les bons mots pour lui dire ce que vous ressentez de la façon la plus diplomate possible, et ne faites pas comme si elle n'était pas enceinte. Secondez-la dans les tâches ménagères (comme vous devriez le faire, a priori, en toutes circonstances). Demandez-vous pourquoi vous réagissez ainsi. Avec le temps, vous comprendrez et changerez peut-être de point de vue.

Enfin, n'oubliez pas tout de même que du fait de votre nouveau statut, vous avez de nouvelles obligations à assumer, et que votre enfant a envers vous des droits que vous ne pouvez lui refuser.

L'importance du dialogue

Tout le monde en conviendra, le dialogue au sein du couple est essentiel. Combien de fois avez-vous entendu dire après une rupture : « Ils n'arrivaient plus à communiquer » ? Eh bien, ce qui est valable en temps normal l'est aussi pendant la grossesse, et à plus forte raison une fois que le bébé est là. Vous devrez non seulement savoir parler, mais aussi écouter, et ce dans de bonnes conditions. C'est sans doute le moment d'acheter un ouvrage sur la communication, de façon à connaître les pièges à éviter.

Savoir écouter et échanger

Pourquoi le dialogue est-il important à cette période ? Parce que vous aurez besoin de trouver les mots pour la rassurer quand elle sera inquiète, parce qu'il faudra aussi vous faire entendre si vous vous sentez délaissé ou blessé par certaines de ses paroles. Sans diplomatie, ni patience, vous risquez aussi d'être excédé par ses sautes d'humeur au cours du premier trimestre, et si vous intériorisez, ça ne fera qu'empirer les choses. Enfin, le dialogue vous permettra de partager cette aventure que vous vivez tous les deux.

Quels sujets aborder ?

Inutile de vous censurer, surveillez seulement votre formulation, notamment pendant la période des sautes d'humeur. Profitez de la grossesse pour décider de vos rôles respectifs une fois que le bébé sera là. Faites part à votre femme de ce que vous envisagez en matière d'éducation. Ne prenez rien pour acquis – car rien ne l'est –, mais ces discussions auront le mérite d'éviter les disputes par la suite, parce que, de fil en aiguille, vous serez parvenus à un compromis. Veillez également à ce que le bébé ne soit pas votre unique sujet de conversation car même si vous allez devenir parents, vous n'en restez pas moins homme et femme.

Vous traverserez certainement tous les deux des moments d'appréhension et de doute. Si vous n'en parlez pas, comment pourrez-vous vous comprendre et vous soutenir l'un l'autre ? Osez vous ouvrir à votre compagne, vous ne serez pas dévalorisé à ses yeux, au contraire. Nous avons tous nos peurs. Beaucoup d'hommes redoutent de faire tomber le bébé, par exemple, certains craignent de ne pas savoir s'en occuper, d'autres de s'évanouir à l'accouchement… Si, par exemple, vous ne lui expliquez pas que vous appréhendez de le baigner ou de le changer de peur de lui faire mal, elle croira que vous préférez regarder la télé et qu'elle n'a qu'à se débrouiller toute seule. Si vous vous abstenez de relations sexuelles (p. 79) pour préserver la santé du bébé sans lui donner d'explication, elle pensera que vous n'avez plus de désir pour elle, etc. Vous êtes capable de parler de tout ce qui vous tracasse ; alors lancez-vous, cela vous servira aussi pour d'autres situations.

Parler dans des conditions favorables

Choisissez un moment où vous êtes tous les deux sereins, où vous n'êtes pas fatigués, et surtout où vous avez le temps de discuter en toute tranquillité sans risquer d'être interrompus. Évitez les déballages lors d'une dispute. Vous risquez d'employer des mots, un ton de voix agressifs et votre compagne vous répondra de la même façon. N'hésitez pas à expliquer plusieurs fois en formulant autrement s'il y a incompréhension ou divergence. Même si vous n'êtes pas d'accord, respectez le point de vue de l'autre sans y voir une attaque personnelle. Vous êtes là pour avancer, pas pour reculer.

Il est probable que les premières tentatives soient un peu maladroites, mais qu'importe. Vous avez tout à y gagner d'autant que le manque de dialogue peut vite générer des malentendus. Parler n'est pas le seul moyen de communication, c'est peut-être le plus facile, mais vous pouvez aussi avoir recours à l'écrit ou à tout autre moyen que vous imaginerez.

La sexualité

Peut-on faire l'amour pendant la grossesse ?

À moins que votre médecin ne vous l'interdise – notamment lorsque le col de l'utérus est ouvert –, ou qu'aucune position ne soit confortable, il n'y a pas, a priori, de raison d'arrêter les rapports sexuels durant la grossesse.

Au cours de cette période, il est important pour les deux partenaires de communiquer ouvertement, notamment sur ce sujet. Rappelez-vous que la pénétration n'est pas l'unique moyen de vivre sa sexualité ; vous pouvez recourir aux caresses orales ou manuelles si la pénétration est inconfortable ou vous met mal à l'aise. Beaucoup de personnes pensent que faire l'amour pendant la grossesse risque de provoquer une infection nocive au bébé. En réalité, l'utérus est complètement étanche, et la pénétration ne présente aucun risque pour autant que les deux partenaires suivent un minimum d'hygiène. Si vos rapports sexuels sont excessivement vigoureux, ils peuvent engendrer une irritation, voire des abrasions susceptibles de s'infecter. Essayez d'être plus doux que passionné. La maman appréciera beaucoup et vous le rendra bien ! En cas de séropositivité, de maladie vénérienne ou de MST, il vous faudra, en revanche, recourir à un préservatif impérativement.

Autre idée reçue à combattre : le sexe de l'homme pourrait faire du mal au bébé. Ceci est impossible : le liquide amniotique amortit très bien et protège le fœtus.

Attention, une fois que le bébé sera parmi vous, vous serez très fatigués. La routine et surtout la fatigue affecteront votre vie sexuelle et feront baisser votre libido.

Comment évolue le désir de la femme pendant la grossesse ?

Beaucoup s'accordent à dire qu'une femme enceinte n'a pas de désir sexuel. Bonne nouvelle, ce n'est pas systématique : au contraire, certaines femmes ont une libido exacerbée ! Il n'est pas rare qu'une femme connaisse son premier orgasme au cours de la grossesse (même si la plupart le ressentent bien avant) ! L'influence des hormones, une meilleure irrigation des organes sexuels contribuent à accroître les sensations. Mais les choses sont un peu plus complexes que cela, voyons ensemble ce qui se passe.

Premier trimestre

Il s'agit d'une période calme sous la couette. Le couple est encore sous le coup de la nouveauté de la grossesse et l'on remarque souvent une baisse du désir chez la maman. Cela se comprend aisément : fatigue, nausées, somnolence, bouleversement hormonal ne facilitent pas les choses. La mère vit en outre intensément cette période : porter la vie occupe presque toutes ses pensées. Mais cela dépend en fait de l'intensité de ses symptômes. Certaines femmes n'en souffrent presque pas et, donc, leur désir reste le même qu'avant, il augmente même parfois.

Deuxième trimestre

Vers la fin du premier trimestre et au cours du deuxième, les désagréments décrits précédemment tendent à disparaître pour laisser place à une sensation de bien-être général ; la mère se sent belle, épanouie, ses sens se réveillent. Néanmoins, la peur de faire du mal à l'enfant, la prise de poids et les modifications du corps, peuvent faire en sorte que la libido subisse une baisse de régime. Durant l'acte sexuel, prenez garde aux seins de votre compagne, qui ont grossi et sont très sensibles, voire douloureux. Si c'est le cas, caressez-les avec délicatesse ou, dans les cas extrêmes, abstenez-vous. En outre, il arrive parfois qu'une légère sécheresse vaginale puisse faire son apparition, ce qui rend les rapports moins agréables, voire douloureux, et nuit au désir de la femme. Certes, ce n'est pas la plus romantique des choses, mais un peu de lubrifiant résout ce petit problème.

Troisième trimestre

Le volume du ventre à ce stade rend les choses un peu plus compliquées. Il vous faudra trouver les positions les plus confortables (p. 85) pour la maman. Parfois, les orgasmes peuvent provoquer de petites contractions au niveau de l'utérus. Celles qui attendent leur premier enfant les interprètent à tort comme des indices d'un accouchement prématuré, ce qui les amène inconsciemment à éviter les relations sexuelles. Lors du neuvième mois, vous êtes dans la dernière ligne droite. Aux problèmes « techniques » déjà cités vient s'ajouter la peur de déclencher l'accouchement. Mais là encore, si la grossesse se passe sans problème, et à moins que votre médecin ne le contre-indique, les rapports sexuels peuvent continuer sans danger jusqu'à la fin de la grossesse.

La part du psychisme

La façon dont la maman vit sa grossesse à l'intérieur d'elle-même est très importante pour sa libido. Qu'elle soit exacerbée ou inhibée, elle passe chez de très nombreuses femmes par une approche plus axée sur la tendresse, du moins pour susciter son désir.

ELLE NE VEUT PLUS FAIRE L'AMOUR

Si votre compagne n'a plus envie de faire l'amour au dernier trimestre, ne vous sentez pas coupable ou rejeté, ce n'est qu'une phase à traverser. Parlez avec elle pour savoir pourquoi elle n'a plus d'envies et s'il n'y a pas un moyen de rallumer sa flamme. Écoutez ce qu'elle vous dira et essayez de comprendre ce qu'elle vit.

Parfois, une simple discussion permet de débloquer la situation. Si elle a des craintes, proposez-lui d'en parler avec son gynécologue ou sa sage-femme lors de la prochaine visite. Beaucoup de femmes n'arrivent malheureusement pas à affronter le sujet de leur sexualité avec leur médecin par timidité ou par pudeur. Et si vous le faisiez pour elle ? Elle a peut-être tout simplement besoin d'être rassurée au sujet des risques encourus par le bébé. Mais surtout, soyez patient, et dites-vous que cela passera. La brusquer ne servira à rien sinon à la bloquer encore plus.

Comment évolue le désir de l'homme pendant la grossesse ?

On l'a vu, la libido de la future mère varie au cours de la grossesse et dépend de beaucoup de choses, ce qui fait qu'il est difficile, voire impossible, de pouvoir prédire avec exactitude ce qu'il en sera. Spontanément, on pourrait être porté à croire que c'est essentiellement chez les femmes que la sexualité est affectée. Or, aux dires de ces dernières, beaucoup constatent des changements chez leur compagnon également. Certaines affirment même être déroutées par les réactions du futur papa. Hormis les cas de couvade (p. 32), c'est principalement sur le plan psychologique que tout va se jouer chez l'homme même si, encore une fois, il est difficile de généraliser. Certains verront leur libido augmenter ou baisser, d'autres seront plus tendres que passionnés…, tous les cas de figure sont possibles.

Premier trimestre

Quand la nouvelle de la grossesse tombe, si celle-ci était fortement désirée par les deux futurs parents, la joie prédomine. Cet enfant est le fruit de l'amour, et tant que des désagréments ne viennent pas déranger la maman, c'est en quelque sorte une deuxième lune de miel qui s'offre au couple. À l'inverse, l'annonce peut perturber l'homme qui n'est pas sûr de ce qu'il souhaite vraiment. Les peurs qui l'assaillent alors sont susceptibles de réduire sa libido au plus bas. Cet état durera plus ou moins longtemps, selon que le futur papa retrouve ou non une certaine sérénité. Plus fréquemment, l'homme se sent un peu frustré au cours de cette période car les petits désagréments de la grossesse (nausée, fatigue) diminuent la libido de la mère et le père reste un peu sur sa faim.

Deuxième trimestre

La grossesse commence à se voir pour de bon à ce stade. Les seins de la future maman gagnent en volume, tout comme le ventre, ce qui est loin de déplaire aux hommes. En outre, la maman sera le plus souvent épanouie et rayonnante de bonheur, avec une libido en hausse, la rendant encore plus désirable. *A contrario*, voir sa femme devenir mère peut couper net les envies de l'homme car la figure maternelle est une image sacrée dépourvue de connotation sexuelle. La simple idée d'envisager des câlins s'apparente alors à un tabou dans son esprit.

Inhibition et désirs différents

Il arrive également que certains hommes aient « peur » de leur compagne si sa libido est exacerbée, à plus forte raison si elle se montrait peu passionnée jusque-là. L'homme se sent agressé quelque part et il a la sensation de ne plus mener la danse, ce qui lui fait perdre ses moyens. Parfois, il s'agit seulement d'un changement au niveau de l'expression même du désir, ce qui n'affecte pas la libido proprement dite. Le futur papa porte alors sa préférence sur des caresses au détriment du coït qu'il appréhende un peu.

Troisième trimestre

En fin de grossesse, les difficultés à trouver des positions confortables peuvent refroidir quelque peu les ardeurs du futur papa. Patience et imagination devraient pourtant suffire à contourner l'obstacle. Par manque d'information, certains hommes craignent de blesser l'enfant, ou pensent que la sexualité doit être bannie pour des raisons médicales. Encore une fois, à moins que le médecin ne vous l'interdise explicitement (notamment lorsque le col de l'utérus est ouvert), vous pouvez poursuivre les rapports sexuels pratiquement jusqu'à l'accouchement.

Autre cas de figure, l'homme refoule son désir à force d'être repoussé plus ou moins gentiment par la maman. Consciemment ou inconsciemment, on peut être amené à se dire que le meilleur moyen de ne pas être frustré est de ne plus avoir de désir. Or, il est important de ne pas entrer dans un cercle vicieux, et si nécessaire, il faut chercher de l'aide auprès du médecin, d'un psychologue ou d'un sexologue. N'hésitez pas à faire appel à eux. Comme souvent, le dialogue est primordial. Pour éviter les tensions qui peuvent générer des problèmes plus graves au sein du couple, exprimez vos envies et vos frustrations, sans que cela dégénère en dispute.

Bien sûr, quelle que soit votre réaction, il vous faudra tenir compte de la maman, dans ce domaine peut-être plus que dans les autres.

Quelles positions sont le plus adaptées pendant la grossesse ?

Comme nous l'avons déjà dit à plusieurs reprises, si la grossesse progresse normalement, il n'y a pas de raison d'arrêter les rapports sexuels jusqu'à l'accouchement. Veillez juste à être très doux et à arrêter toute pratique inconfortable pour la maman. Demandez l'avis de votre médecin si vous avez le moindre doute. La sexualité pendant la grossesse offre la possibilité de faire des expériences. Essayez de nouvelles positions adaptées aux modifications que subit le corps de la future mère.

Adapter ses positions et sa sexualité

Les premiers mois, vous n'aurez probablement pas à modifier vos habitudes, mais si votre compagne a eu des antécédents de fausses couches, il est conseillé d'éviter la pénétration profonde. Plus tard, quand le ventre de la maman devient plus rond, les positions avec pénétration par l'arrière, la « cuillère », position où vous êtes étendu côte à côte, et les positions avec la femme au-dessus sont bien adaptées. Le côte-à-côte donne en outre la possibilité de la caresser librement, y compris aux seins et au clitoris.

La position où la femme est assise en travers sur vous est généralement confortable dans le moyen terme. Elle enlève la peur d'écraser le bébé et permet à la femme de contrôler la profondeur de la pénétration, car elle peut appuyer une partie de son poids sur ses pieds. Dans les stades plus tardifs, la position par l'arrière où la femme se tient sur ses genoux et ses mains, et celle où elle se trouve au-dessus sont à la fois confortables et excitantes.

Rappelez-vous également que la sexualité ne se résume pas seulement à la pénétration. Les caresses orales, la masturbation mutuelle, les massages et ainsi de suite, peuvent s'avérer tout aussi satisfaisants.

Doit-on s'abstenir à un moment donné ?

En principe, si aucun problème d'ordre médical ne s'est présenté, il n'y a, encore une fois, aucune raison d'interrompre les relations sexuelles. Mais vous pouvez être amené à suspendre temporairement les pénétrations.

Saignements, contractions, pénétration douloureuse

Ce sera notamment le cas si vos rapports sexuels provoquent des saignements (qui ne sont jamais normaux au cours d'une grossesse, et que vous ne devez pas prendre à la légère, même s'ils sont peu abondants) ou des contractions de l'utérus. Accompagnez la future maman chez le médecin ou la sage-femme, car cela peut être le signe avant-coureur d'une fausse couche, mais ne vous affolez pas pour autant : ressentir des contractions ne veut pas nécessairement dire que votre femme risque de perdre l'enfant.

Si la future maman a précédemment eu une/des fausse(s) couche(s), le médecin vous demandera de vous abstenir au cours des jours où les règles auraient normalement eu lieu s'il n'y avait eu pas de grossesse, et cela tout au long des trois premiers mois. Dans ce cas, il est parfois conseillé d'éviter la pénétration profonde, mais demandez un avis médical sur ce point.

Autre raison d'éviter les rapports sexuels : la pénétration douloureuse due une inflammation locale. Dans ce cas, inutile d'insister, le médecin prescrira un traitement et tout rentrera rapidement dans l'ordre.

Si le col de l'utérus est ouvert, renoncez à la pénétration et respectez une hygiène irréprochable. Encore une fois, seul votre médecin est à même de vous indiquer quand vous pourrez reprendre les rapports sexuels avec pénétration.

Il existe une dernière raison justifiant l'abstention, mais elle n'est pas médicale : l'envie. Si vous ou votre femme n'en avez pas vraiment le désir, ne vous forcez pas. Les relations sexuelles doivent rester un acte d'amour et de désir et faire l'amour à contrecœur peut nuire à votre libido par la suite.

L'ABSTINENCE, UN PIÈGE À LA LONGUE

La sexualité reste un acte d'amour et de libre choix, on ne peut pas vous l'imposer tout comme vous ne pouvez pas l'imposer à votre compagne. Mais si aucune raison médicale ne vous y oblige, le fait d'espacer excessivement vos relations sexuelles risque à la longue d'assoupir votre libido qui sera plus difficile à réveiller. Chez la femme, la perte de désir résulte souvent de désagréments physiques ; pour l'homme, en revanche, tout se passe dans la tête. Ne repoussez pas systématiquement la maman si elle vous fait des avances, et si c'est l'inverse qui se produit, demandez-lui pourquoi elle n'a pas d'envie. Suscitez le désir (ce qui ne veut pas dire forcer) et laissez-vous séduire. Sous la couette plus qu'ailleurs, l'appétit vient en mangeant.

Pourquoi recourir au préservatif ?

Vous vous voyiez partis pour quelques mois de tranquillité sans vous soucier de la contraception, et voilà que le médecin préconise un préservatif lors des rapports sexuels. Celui-ci est recommandé soit pour éviter une infection transmissible, soit pour réduire le risque d'accouchement prématuré. Le sperme contient en effet des prostaglandines qui, dans de rares cas, peuvent contribuer à déclencher l'accouchement même si, dans leur grande majorité, les relations sexuelles sans préservatif ne présentent aucun danger. Si votre compagne n'est pas à terme, mais que les examens ont montré un risque important d'accouchement prématuré, le médecin fera en sorte de diminuer les risques en réduisant les facteurs de risques, dont les prostaglandines se trouvant dans le sperme.

Si l'usage du préservatif vous semble fastidieux et peu excitant, dites-vous que ce n'est que temporaire et pour le bien de l'enfant. De plus, même si vous et votre partenaire êtes ensemble depuis longtemps, il y a des chances qu'au début de votre relation, vous en ayez déjà fait l'usage ensemble (ou du moins auriez-vous dû !). Voyez ça comme un retour à l'époque de vos premiers rendez-vous, une période intense et excitante. Et avec un peu d'humour et d'amour, vous n'y ferez même plus attention.

Réinventer sa sexualité ?

La grossesse est une occasion unique pour vous de réinventer votre sexualité. Le plus souvent, les relations sexuelles se trouvent modifiées. Avec le ventre qui s'arrondit, certaines positions telles que le missionnaire deviennent de plus en plus difficiles à adopter au cours des mois et sont inconfortables pour la maman. La femme peut avoir une libido exacerbée ou, le plus souvent, préférer la tendresse à la passion. L'homme, lui aussi, est susceptible d'être attiré davantage par sa compagne aux formes rondes et aux seins avenants, mais il peut également se détourner des relations sexuelles (peur de faire du mal à l'enfant, image sacrée de la mère…).

Nouvelle lune de miel

Il vous faudra donc souvent adapter vos habitudes et c'est une magnifique occasion à saisir afin de les améliorer. Profitez du moment pour envisager avec votre compagne des choses que vous n'osiez plus lui proposer en temps normal et réciproquement. Redécouvrez ensemble qu'on peut s'épanouir sexuellement sans pénétration. Elle sera ravie par vos longs préliminaires et vous le rendra volontiers. Cunnilingus, fellation et masturbation ne posent aucun problème en cours de grossesse (sauf peut-être la fellation, si la future maman souffre de nausées importantes).

Redécouvrez vos corps respectifs, ils recèlent de nombreuses zones érogènes que vous ne connaissez pas encore ou que vous avez « oubliées ». Caresses, massages, petits jeux érotiques…, vous avez moult possibilités pour faire de la grossesse un moment sensuel et voluptueux. Ce regain de tendresse et d'imagination pourra même relancer une vie sexuelle qui s'était assoupie. Voyez la grossesse comme une nouvelle lune de miel. Votre intimité pourra ainsi en sortir renforcée. Mais n'oubliez pas de continuer sur cette lancée après la naissance afin de ne pas en perdre tous les bénéfices.

Attention, le dialogue est, une fois encore, très important. Soyez à l'écoute de votre partenaire et de ses envies… Une précision toutefois : l'écouter ne veut pas dire pour autant vous oublier. Faites-lui part de vos propres fantasmes, avec tact et diplomatie. N'insistez pas sur le moment, mais relancez le sujet quand elle est mieux disposée. Soyez psychologue, patient, imaginatif et disponible, et tout devrait aller pour le mieux.

Quand reprendre les rapports sexuels après l'accouchement ?

Il n'y a pas de bon ou de mauvais moment pour reprendre votre activité sexuelle après l'accouchement. D'un point de vue physique, il est conseillé d'attendre que le vagin et le col de l'utérus se soient rétablis, ce qui peut prendre de deux semaines à deux mois.

Ne pas différer trop longtemps

Si la maman a subi une épisiotomie (p. 163) ; incision dans le vagin et les muscles sous-jacents pour permettre le passage de la tête du bébé), la cicatrice mettra dix à vingt jours pour se refermer. Votre compagne ne sera probablement pas tentée par la pénétration, craignant une douleur éventuelle. Soyez compréhensif et patientez. Une fois la cicatrice refermée, l'idée de la pénétration peut encore l'empêcher d'être proche de vous. Si c'est le cas, trouvez avec elle un autre type de sexualité.

D'un point de vue médical, il n'y a pas de danger à reprendre une vie sexuelle 14 jours après l'accouchement, si aucun problème n'a été relevé. Les psychologues sont d'ailleurs convaincus que différer indéfiniment la sexualité n'est pas une bonne idée car cette habitude peut s'installer (p. 88). En outre, l'orgasme de la jeune mère, peu après l'accouchement, aide l'utérus à retrouver son état normal.

La grossesse

Combien de temps dure une grossesse ?

Évidemment, vous savez déjà qu'une grossesse dure environ 9 mois. Mais ce n'est qu'approximatif, et vous aimeriez bien savoir à l'avance quel sera le jour « J ».

Deux méthodes pour compter

La durée de la grossesse s'exprime de deux façons différentes. La première prend en compte les semaines d'aménorrhée qui correspondent au nombre de semaines d'absence de règles. On commence à compter à partir du premier jour des dernières règles. La deuxième méthode comptabilise les semaines de grossesse réelle. Ici le point de départ, c'est le moment de la fécondation qui correspond à l'âge réel de l'enfant. La fécondation a en principe lieu au début de la 3e semaine d'aménorrhée. Il y a donc un décalage de deux semaines selon que l'on exprime l'âge de la grossesse de l'une ou l'autre façon.

Il est de ce fait important que vous sachiez quelle est la norme utilisée quand vous cherchez des informations sur le développement de votre enfant. Il n'y en a pas une qui soit meilleure que l'autre, elles sont toutes les deux correctes et peuvent être utilisées indifféremment. Néanmoins, l'usage le plus fréquent, qui est d'ailleurs devenu la convention internationale, est d'exprimer la grossesse en semaines d'aménorrhée (SA) parce que l'on sait exactement quand ont commencé les dernières règles (même si vous ne le savez pas, la future maman le sait avec certitude), alors que le moment de la fécondation est plus aléatoire.

40 semaines d'aménorrhée, 10 mois lunaires

Statistiquement, et ce n'est qu'une moyenne, une grossesse dure 280 jours à partir du premier jour des dernières règles et 266 jours à partir de la fécondation. En semaines d'aménorrhée, une grossesse durera 40 semaines alors que la durée réelle de la grossesse est de 38 semaines, soit environ 9 mois au calendrier. Si vous cherchez des informations dans des sources anglo-saxonnes, sachez que la durée de la grossesse est comptabilisée en mois lunaires, ce qui correspond à 28 jours au calendrier. Pour eux, une grossesse dure donc 10 mois lunaires à partir du premier jour des dernières règles. À l'heure d'Internet, il peut être utile de le savoir, mais ne vous en faites pas trop, les principaux sites se réfèrent principalement aux semaines d'aménorrhée. Et même si vous vous trompez, pas de souci, ce n'est finalement qu'un détail.

Quand votre bébé verra-t-il le jour ?

Probablement, le médecin ou la sage-femme vous aura déjà donné une date. Celle-ci variera quelque peu après de nouvelles mesures à l'échographie. Si vous voulez une confirmation, rien de plus simple. Il vous suffit d'enlever 3 mois au premier jour des dernières règles de votre femme, puis d'y ajouter une semaine. Ainsi, si les dernières règles ont commencé le 1er février, votre enfant devrait voir le jour le 8 novembre.

Mais ce n'est qu'une estimation basée sur des moyennes. Plus que probablement, le bébé pointera le bout de son nez dans une fourchette de 15 jours avant ou après la date prévue (entre la 40e et la 41e semaine d'aménorrhée). C'est le cas pour la très grande majorité des naissances, mais on retrouve des pourcentages de naissances non négligeables (aux environs du quart) au cours des 38e et 39e semaines ou encore à la 42e. Au-delà, il est rare en France de laisser le bébé dans le ventre de sa mère et l'accouchement sera déclenché.

Quelles sont les grandes étapes du développement du bébé ?

0-4 semaines

Au moment de la conception, un des spermatozoïdes fusionne avec l'ovule de la maman pour ne former qu'une seule cellule. Cette cellule se divise en deux, puis en quatre et ainsi de suite, jusqu'à former un amas de cellules. Tout en se multipliant, cette grappe va se déplacer dans le corps de la mère pour passer des trompes à l'utérus, où elle restera tout au long de la grossesse. Au cours de la troisième semaine, elle s'installe dans la paroi de l'utérus qui s'est épaissi et enrichi en nutriments, cette étape s'achève généralement dès la quatrième semaine. L'amas de cellules est devenu un embryon.

5-8 semaines

L'embryon grandit rapidement, et le placenta prend de l'ampleur. À la fin de la 5e semaine, son cerveau et son épine dorsale sont ébauchés, et le cœur est déjà en train de battre. Au cours des deux ou trois prochaines semaines, les structures de base de son corps se développeront : tout d'abord, la tête, suivie du thorax et de l'abdomen ainsi que de la charpente du squelette. Des membres en miniature apparaissent dotés de mains et de pieds pourvus d'arêtes qui deviendront des doigts et des orteils. Les yeux, les oreilles, le nez et les organes internes prennent forme. Après 8 semaines, l'embryon mesure 2 cm de long (environ la taille de la dernière phalange de votre petit doigt).

9-12 semaines

Votre bébé devient une petite forme reconnaissable (7 cm de long, environ la longueur de votre index), avec une grosse tête. Dès la fin de la 12e semaine, tous ses organes se sont formés, les bras et les jambes sont longs et très fins, les doigts et les orteils se sont développés. Le bébé bouge, donne de petits coups de pied même si la maman ne les ressent pas encore. Les organes sexuels externes se sont formés et l'on peut discerner s'il s'agit d'une fille ou d'un garçon. Le visage est déjà en train de prendre les traits qui lui sont propres. Votre bébé est désormais un fœtus.

13-16 semaines

Le fœtus est complètement formé et mesure, dès la fin de la 16e semaine, 15 cm environ. Pendant le reste de la grossesse, il ne fera plus que grandir et mûrir jusqu'à être capable de survivre en dehors du ventre de la maman. Le lunago, un duvet noirâtre typique des nouveau-nés, commence à pousser, et les sourcils et les cils apparaissent. Certains bébés ont même des cheveux. Les os deviennent plus durs et des petits bourgeons d'ongle se profilent sur les doigts et les orteils. Le fœtus bouge plus vigoureusement, il peut refermer ses mains en poing et faire des mouvements de préhension, ses muscles forcissent. La maman ne ressentira probablement toujours rien, même si, dès la 16e semaine, certaines ressentent une sorte de caresse dans le bas de l'abdomen, surtout celles qui ont déjà eu des enfants.

17-20 semaines

Les organes poursuivent leur croissance et mûrissent lentement. Le fœtus peut avaler le liquide amniotique et uriner. Il fait aussi des mouvements respiratoires pour se préparer au moment où il devra respirer de lui-même. Il est également capable de sucer, peut-être suce-t-il déjà son pouce. Le sens du toucher est développé ; si une pression est appliquée sur le ventre de la maman, il s'en éloignera ou viendra se coller. Ses dents se forment à l'intérieur de ses gencives.

Au cours de la 20e semaine, une substance blanche, le vernix, recouvre l'épiderme. Elle sert à protéger la peau du bébé qui est fripée parce qu'il y a encore peu de graisse. Le fœtus mesure maintenant environ 25 cm, à peu près la moitié de la taille qu'il aura à la naissance.

21-24 semaines

La tête et le corps du fœtus sont mieux proportionnés désormais. Son corps s'arrondit, même s'il demeure très mince et sa peau toujours fripée. Le bébé perçoit non seulement les sons qui proviennent de l'intérieur du corps de la maman, mais il reconnaît sa voix. Les cellules du cerveau, celles qui lui permettront de réfléchir, commencent à mûrir. Le bébé a des phases de sommeil et d'éveil, mais elles sont probablement en opposition avec celles de la mère car il remue quand elle s'apprête à s'endormir !

25-28 semaines

Bébé mesure maintenant 30 cm environ. Ses yeux s'ouvrent aux alentours de la 26e semaine, et il commence à faire la différence entre la lumière et l'obscurité. Sa peau, qui jusqu'à présent était fine et transparente, s'épaissit. Ses sourcils et ses cils sont bien développés ; à ce stade, son visage ressemble déjà beaucoup à ce dont il aura l'air quand il viendra au monde. Il continue à s'entraîner à respirer et à avaler, et il peut même avoir le hoquet, ce que la maman percevra comme de petits sursauts.

29-32 semaines

La tête de votre bébé a atteint la taille qu'elle aura quand il viendra au monde. Il continue à bouger vigoureusement, et il se peut que vous voyiez la forme d'un pied ou d'un coude distendre le ventre de la maman quand il s'agite. Le bébé devient aussi plus dodu au fur et à mesure que la graisse se forme sous sa peau.

33–36 semaines

Tous les organes sont parvenus à maturité, exception faite des poumons. Bien qu'ils ne soient pas encore tout à fait prêts, ils ont commencé à produire un fluide qui les maintiendra ouverts et prêts à respirer. Les yeux du fœtus peuvent cligner et accommoder. Ses ongles ont poussé jusqu'à atteindre le bout de ses doigts, pas encore tout à fait le bout de ses orteils. Le bébé prend de plus en plus de poids.

37-40 semaines

Au cours du dernier mois de la grossesse, le bébé gagne environ 200 g par semaine. Tous les systèmes fonctionnent désormais, et il est prêt pour une vie autonome. La plupart du duvet qui recouvrait son petit corps est tombé, même si quelques bébés en conservent une partie sur le haut du dos lorsqu'ils viennent au monde. De même, le vernix a disparu en partie, hormis dans les plis de la peau.

Le bébé va se mettre en position pour l'accouchement si cela n'est pas déjà fait ! Il va se retourner, et présenter sa tête vers le bassin.

Dois-je assister aux consultations chez le médecin ou la sage-femme ?

La présence du futur père lors des consultations prénatales chez le médecin ou la sage-femme est aujourd'hui courante. Libre à vous de ne pas y aller si vous ne le souhaitez pas, car votre présence n'est pas obligatoire. Reste à savoir ce que souhaite votre compagne : peut-être qu'elle préfère que vous ne soyez pas présent par pudeur, auquel cas la question est réglée. Si elle tient à ce que vous soyez là et que vous montrez peu d'enthousiasme, essayez de lui expliquer pourquoi, mais n'ayez pas d'illusion, elle sera difficile à convaincre à moins que vous n'ayez d'excellentes raisons.

Une expérience émouvante qui forge la paternité

Si vous hésitez, allez-y. Parfois cela peut sembler peu passionnant, c'est vrai, mais il existe des moments vraiment magiques qu'il serait vraiment dommage de rater : voir votre enfant bouger ou sucer son pouce à l'échographie, entendre les battements de son cœur sont tout simplement merveilleux et vous aideront à vous sentir père. Votre enfant deviendra plus concret, plus réel. Il cessera d'être quelque chose d'abstrait. Suivre son évolution au fur et à mesure des échographies vous permettra d'endosser votre rôle en vous laissant le temps de vous y habituer tout doucement.

S'informer à la source

Se rendre aux consultations offre aussi l'occasion de poser les questions qui vous tracassent. L'avantage par rapport à une recherche d'information dans les livres ou sur Internet, c'est que le professionnel de santé peut donner des réponses personnalisées puisqu'il connaît votre dossier et suit l'évolution de votre bébé. Si vous y allez régulièrement, une relation de confiance pourra s'installer entre vous et le gynécologue ou la sage-femme, ce qui sera particulièrement important s'il pratique lui-même l'accouchement.

Faites donc un effort les premières fois. S'il vous est difficile de vous absenter de votre travail, essayez de trouver une solution, soit avec votre employeur, soit en prenant rendez-vous à des heures où vous êtes libre. Si vous ne pouvez vraiment pas être présent pour des raisons indépendantes de votre volonté, ne vous sentez pas coupable. Cela arrive, on ne peut pas vous en vouloir. Vous serez peut-être déçu, mais la maman vous racontera tout, il est même parfois possible de demander au médecin d'enregistrer les échographies sur une clé USB. Cela vous donnera l'occasion de pouvoir la regarder calmement à la maison si vous le souhaitez, et de la montrer à la famille et aux amis.

Rassurer la maman

Autre avantage à assister aux visites, c'est que cela vous aidera à rassurer la maman, soit en posant les questions qu'elle n'ose pas poser, soit en lui rappelant ce que le médecin a dit, et bien sûr, au cas où quelque chose ne se passerait pas pour le mieux, vous pourriez avoir des informations de première main, et seriez en mesure de soutenir tout de suite votre femme.

Qu'est-ce qui m'attend lors des visites chez le médecin ?

Il n'est pas rare qu'un homme ignore comment se passe la visite chez un gynécologue ou en ait une idée fausse. Certains n'aiment d'ailleurs pas du tout l'idée qu'un homme ou une autre femme puisse s'occuper de l'intimité de leur compagne. Savoir ce qui se passe exactement vous permettra d'être plus serein à cet égard et vous convaincra peut-être d'y assister si ce n'est pas le cas pour l'instant.

La table d'examen

La première chose qui vous marquera dans le cabinet d'un gynécologue, c'est probablement la table sur laquelle votre femme s'installera. La patiente (parce qu'il s'agit d'une patiente avant tout) est allongée sur le dos, plus ou moins relevée selon les cas, les jambes écartées et les pieds installés dans deux étriers.

L'échographie

Au début de la grossesse, on observe l'embryon au moyen d'une échographie interne. Pour ce faire, le médecin introduit dans le vagin une sonde, d'une taille relativement importante, recouverte d'un préservatif pour éviter tout risque de transmission de maladie, et enduite de gel lubrifiant pour faciliter l'introduction et assurer une réception optimale. Ceci peut choquer ou gêner certains hommes, surtout quand ils ne sont pas informés. Mais ne vous en faites pas. D'une part, vous oublierez vite cela en voyant les images de votre enfant, d'autre part, dès la deuxième échographie, on aura recours à l'échographie abdominale externe avec une sonde plus grande, de la forme d'un pinceau, qu'on enduira du même gel, et qu'on passera sur le ventre de la maman.

Toucher vaginal et frottis

Le toucher vaginal est indispensable pour connaître la consistance du col de l'utérus et mesurer son degré d'ouverture. Ici, le médecin met des gants et va simplement explorer. Pour s'assurer qu'il n'y a pas d'infection, on pratiquera un frottis en utilisant un instrument, le spéculum, qui permet d'ouvrir un passage dans le vagin afin d'aller prélever des échantillons.

Que faire lors des examens ?

Le mieux, et c'est le souhait de bon nombre de femmes, c'est de ne pas regarder tout cela de trop près. Cela ne vous apporte rien de particulier. Regardez l'écran avec les images de votre bébé sans vous soucier des examens gynécologiques, ou restez tranquillement assis sur votre chaise en écoutant ce que dit le médecin ou la sage-femme.

Pour le reste, rien de bien nouveau, la consultation ressemble à celle de tout autre médecin. On parle beaucoup, surtout lors de la première visite. On pratique des examens classiques comme la tension, le contrôle du poids, la prise de sang et c'est une occasion de poser des questions en toute liberté.

Cela me gêne que son gynécologue soit un homme

Si l'on écoutait les hommes, tous les gynécologues devraient être des femmes. Gardez toujours en tête que cet homme est, avant toute chose, un médecin dont le travail consiste à prendre soin de sa patiente.

Une jalousie injustifiée

Certes, on peut comprendre que vous soyez mal à l'aise dans cette situation. La position qu'adopte une femme sur une table gynécologique n'est pas vraiment des plus orthodoxes. Mais cela serait la même chose si le médecin était une femme. De plus, il est vraisemblable que votre compagne ait le même gynécologue depuis un certain temps déjà. Si vous pouviez le supporter auparavant, pourquoi n'y arriveriez-vous pas maintenant ? Ce médecin considère votre compagne comme une patiente qui a besoin de ses compétences. Il est aussi là pour veiller à ce que le fœtus se développe bien et s'assurer qu'il est en bonne santé.

Les visites en cours de grossesse ont quelque chose de magique, ne laissez donc pas une jalousie déplacée vous gâcher ce plaisir. Surtout, ne demandez pas à votre femme à renoncer à son médecin parce que vous êtes jaloux. La relation de confiance qui s'est installée entre elle et lui est très importante. Elle en aura besoin pour être rassurée au fil des mois et lors de l'accouchement.

Laisser le gynécologue travailler dans de bonnes conditions

Si votre femme n'a pas l'habitude d'avoir un homme pour médecin, il se peut qu'elle soit elle-même mal à l'aise, auquel cas elle demandera alors à voir une gynécologue. Aux urgences, ne vous en faites pas : encore une fois, si un homme touche votre femme, il s'agit d'un professionnel qui est en train de la soigner ; de toute façon, s'il y a vraiment un problème, vous serez trop inquiet pour prêter attention à ce genre de détails.

Et si décidément vous persistez dans vos réticences, vous pouvez toujours patienter dehors durant la consultation ou regarder ailleurs. Le mieux serait donc de faire un effort pour permettre au médecin de travailler dans de bonnes conditions et éviter de stresser la future maman. Alors, mettez de côté votre jalousie. Les échographies en particulier sont des moments inoubliables, et il serait vraiment dommage de ne pas en profiter pleinement.

Laissez-moi enfin vous poser une question : à rôles inversés, la jalousie de votre compagne vous semblerait-elle justifiée s'il s'agissait d'une femme médecin ?

L'interruption thérapeutique de grossesse

Le plus souvent, les échographies et les autres tests auxquels on soumet le bébé et la future maman nous rassurent sur la santé de notre enfant. Généralement donc, l'échographie est un moment de pur bonheur. Mais que faire quand celle-ci nous apprend une mauvaise nouvelle ?

À ces moments-là, on a l'impression que le monde s'écroule autour de nous. Tous nos rêves tombent à l'eau, et ce d'autant plus que le problème se révèle tard et qu'il est grave. Que faire si on apprend que son enfant souffre d'une maladie ou d'une anomalie génétique comme la trisomie 21 pour ne citer qu'elle ? Un choix difficile se pose pour le couple : faut-il garder le bébé ou avoir recours à l'avortement thérapeutique ? Certains médecins ont encore des progrès à faire dans la façon de présenter la chose, même s'il n'y a sans doute pas de « bonne façon » d'apprendre aux futurs parents une telle nouvelle.

Le choix n'appartient qu'à vous et à la maman. C'est un choix difficile qui parfois doit se décider dans un délai qui n'est sans doute pas assez long aux yeux des parents, même si la loi française prévoit qu'elle peut être pratiquée à tout moment. Bien sûr, tout dépend de la gravité de la pathologie. Si les médecins annoncent pour l'enfant une espérance de vie limitée, un handicap irrémédiable, les données du problème seront bien plus complexes que dans le cas d'une malformation légère, curable par le biais d'une intervention chirurgicale par exemple. Il arrive même qu'on opère des bébés in utero.

Il n'y a pas de bonne ou de mauvaise décision

Seuls ceux qui ont connu ces moments peuvent comprendre ce que vous vivez. N'ayez pas honte de votre décision, ne vous sentez pas coupable si vous ne vous sentez pas la force d'affronter la vie avec un bébé qui souffrirait d'un handicap grave. Ne vous sentez pas non plus responsable de l'anomalie de votre enfant. Vous n'y êtes pour rien ; le plus souvent, il s'agit d'un problème que personne ne pouvait prévoir, ni éviter. Si la loi prévoit la possibilité d'avoir recours à l'interruption de grossesse dans ces cas-là, c'est bien parce que l'on admet qu'il est difficile de l'assumer. Demandez l'avis du médecin pour savoir si, sur le plan médical, il existe un espoir et dans quelles proportions. Mais décidez en votre âme et conscience, sans vous laisser influencer.

Quel que soit votre choix, personne ne pourra vous le reprocher. Veillez seulement à en être bien sûr pour ne pas avoir de regrets par la suite. Et plus que jamais, le fait que vous et la maman ayez le même point de vue se révélera un atout décisif pour surmonter cette épreuve de la façon la moins douloureuse possible.

Le rôle du père face à l'ITG

Si vous optez pour l'ITG, votre rôle, en tant qu'homme, sera particulièrement difficile. Vous devrez soutenir la maman autant que vous le pourrez en mettant un peu de côté votre propre douleur. L'aide de vos proches vous sera précieuse et très utile. Certains hommes n'accusent le coup que plus tard, car ils s'investissent pour être auprès de la maman avant tout. Plusieurs semaines, voire plusieurs mois seront nécessaires pour faire votre deuil. Si c'est votre cas, n'hésitez pas à vous tourner vers un psychologue.

Ne craignez rien pour l'avenir. Tout comme pour une fausse couche, sachez qu'il existe peu de risques de récidive à la grossesse suivante. Vous pourrez donc essayer à nouveau d'avoir un enfant dès que vous vous sentirez prêts et que le médecin vous donnera le feu vert.

Comment aider la maman à soulager les nausées ?

Voici quelques conseils qui pourraient faire en sorte que la grossesse de votre compagne se passe un peu mieux et, soyez-en sûr, elle vous en remerciera.

Sans être systématiques, les nausées sont très fréquentes chez les femmes enceintes. Elles sont, bien sûr, désagréables même si elles ne présentent pas de caractère de gravité et ne causent généralement pas de problèmes au bébé à condition que la mère puisse assimiler des fluides et des aliments facilement digérables. Certaines femmes ne supportent plus le lait, les œufs ou encore la viande.

Heureusement, ces nausées surviennent le plus souvent au premier trimestre. Les changements hormonaux auxquels la future maman est soumise, l'augmentation de la sensibilité olfactive et un excès d'acide dans l'estomac en constituent quelques-unes des causes. Si elles persistent au-delà, si la maman ne peut rien avaler sans vomir ou encore si elle perd du poids, il vaut mieux qu'elle consulte son médecin sans pour autant s'alarmer.

LES TRUCS CONTRE LES NAUSÉES

- Faire la cuisine et les courses à sa place (si possible).
- Fragmenter les repas qui seront peu abondants et manger lentement.
- Avaler quelques biscottes avant de se lever du lit.
- Privilégier une alimentation riche en hydrates de carbones : des toasts, du miel, des bananes, des pommes de terre cuites, du müesli ou d'autres céréales complètes pour le petit déjeuner, du riz, des pâtes... et manger des yaourts riches en vitamine B.
- Préparer du thé à la menthe, au citron ou au gingembre (faites bouillir la racine dans l'eau et filtrez-la ; servez avec du miel).
- Boire de l'eau citronnée ou du Coca sans caféine.
- Limiter la consommation de café.
- Éviter les fritures qui causent l'acidité et la cuisine à base d'aliments gras, épicés ou d'ail.
- Éviter les odeurs fortes.
- Les nausées peuvent être plus importantes lorsque la future maman prend des vitamines. Consultez le médecin pour voir si elle ne doit pas les interrompre quelques jours.
- Demander à son médecin si elle ne doit pas prendre de la vitamine B6 en complément.

Et, bien sûr, lui donner beaucoup d'amour et de réconfort et surtout moins de stress !

De votre côté, prenez en charge la préparation des repas. Il est, en effet, difficile de cuisiner quand on a la nausée. Pensez aussi à aller faire les courses, cela lui évitera de devoir affronter les odeurs des rayons « fromages » et « poissons ».

En espérant que cela suffise, voici un dernier conseil d'ami qui vous évitera de vous faire envoyer balader : si elle est pâlichonne ou enfermée dans les toilettes, pliée au-dessus de la cuvette, évitez de lancer l'habituel « qu'est-ce qu'on mange ? », parce que dans ces moments-là, cela ne passe pas du tout !

Quels sont les autres « inconvénients » d'une grossesse ?

Bien qu'ils ne vous concernent pas directement en tant que père, les petits maux touchant les femmes enceintes rejailliront vraisemblablement sur vous. Alors prenez le temps de les découvrir, cela vous aidera à mieux aider votre compagne, notamment pour son régime alimentaire.

Que vous soyez chargé de la cuisine ou des courses, certaines indications vous seront utiles dans le choix des menus.

La sensation de fatigue

Celle-ci intervient surtout au cours des premier et troisième trimestres. Cela est dû tout simplement au fait que le corps de la mère, qui supporte le développement et la croissance du bébé, accuse le coup.

Ce que la maman peut faire :

- Prendre des vitamines.
- Suivre un régime sain et équilibré.
- Bien dormir la nuit, au moins huit heures.
- Essayer de se reposer pendant la journée, et si possible faire une sieste.

Vous pouvez évidemment relayer votre compagne dans les tâches ménagères de façon à ce qu'elle se fatigue moins. Faites les courses à sa place, assurez une partie du ménage, cuisinez…

Les brûlures d'estomac

Elles surviennent surtout à partir du deuxième trimestre. Les changements hormonaux que subit la future maman relâchent la valve qui sépare l'estomac de l'œsophage. La tête du bébé peut aussi appuyer sur cette valve et ce, d'autant plus qu'il grandit et prend de plus en plus de place. Les acides gastriques remontent dans l'œsophage et provoquent des brûlures.

Pensez à lui surélever quelque peu la tête du lit. Un gros livre fera l'affaire.

COMMENT SOULAGER LES BRÛLURES D'ESTOMAC ?

- Éviter les repas piquants et/ou gras, le café, le chocolat, l'alcool, les agrumes.
- S'abstenir de boire à table tout en absorbant 2 l d'eau par jour en dehors des repas.
- Placer plusieurs oreillers sous la tête pour dormir en position relevée.
- Manger de petites portions à intervalles réguliers.
- Boire un verre de lait.
- Consulter le médecin pour voir quel médicament prendre.

La constipation et les hémorroïdes

Les changements hormonaux et le ralentissement du transit intestinal, ainsi que la pression exercée par l'accroissement de l'utérus sur le rectum, génèrent constipation et hémorroïdes.

Ce que la maman peut faire :

- Boire beaucoup d'eau et consommer des aliments riches en fibres ou des pruneaux.
- Faire de l'exercice tous les jours pour éviter la constipation.

Proposez-lui d'aller nager ou de marcher ensemble.

Les crampes

Généralement, elles deviennent plus fréquentes à partir du deuxième trimestre. La pression exercée par le bébé peut engendrer une diminution de l'afflux de sang dans les jambes. Les carences en calcium et magnésium sont également en cause.

Ce que la maman peut faire :

- Se masser la zone où elle ressent une crampe pour diminuer la douleur ou marcher quelques minutes d'un pas léger.
- Étirer les muscles des jambes avant d'aller se coucher.
- Éviter de rester sans bouger ou les jambes croisées pendant de longs moments.
- Faire des mouvements de rotations des chevilles en position assise.
- Prendre des compléments alimentaires en calcium et magnésium avec le contrôle du médecin car certains suppléments peuvent nuire au bébé.

Si une crampe survient en votre présence, aidez-la à étirer le muscle, puis massez-la un peu. Cela lui fera du bien.

Le mal de dos

L'augmentation du poids, ainsi qu'une mauvaise posture, peuvent provoquer des douleurs dorsales.

Ce que la maman peut faire :

- Se tenir bien droite assise ou au repos.
- Mettre de préférence des chaussures avec des talons plats.
- Pour soulever des objets, plier les genoux et maintenir le dos bien droit.
- Pour se baisser, s'accroupir et non se pencher.
- Pour se relever quand on est couché, rouler sur le côté puis seulement se redresser.
- Se faire masser.
- Faire des exercices que le médecin lui conseillera pour renforcer les muscles de son dos.

Quant à vous, soulevez les choses lourdes à sa place. Proposez-lui par ailleurs de la masser, cela vous rapprochera l'un de l'autre.

Les varices

Elles résultent de l'augmentation d'œstrogènes et de la pression sanguine dans les jambes, surtout si la future mère est en excès de poids.

COMMENT LUTTER CONTRE LES VARICES ?

- Maintenir les jambes surélevées quand c'est possible.
- Faire de l'exercice tous les jours : marche à pied, natation.

- Ne pas rester sans bouger pendant de longs moments.
- Ne pas croiser les jambes en position assise.
- Dormir sur le côté gauche avec les pieds appuyés sur un coussin.
- Éviter de mettre des habits trop cintrés.

Les seins sensibles

Ce sont encore une fois les changements hormonaux qui sont responsables de l'augmentation du volume des seins qui se préparent à l'allaitement.

Ce que la maman peut faire :

- Utiliser un bon soutien-gorge. Si elle compte allaiter, elle peut acheter celui prévu à cet effet.
- Utiliser des protections pour maintenir ses mamelons secs si le colostrum tache ses vêtements.

Quant au papa, il doit éviter de trop caresser les seins de sa bien-aimée lors des rapports sexuels s'ils sont trop sensibles.

Les migraines

Elles sont fréquentes lors du premier trimestre. La congestion nasale peut en être une des causes.

Ce que la maman peut faire :

- Se reposer, se détendre dans le noir ou mettre des lunettes de soleil.
- S'assurer qu'elle dort le nombre d'heures que son corps réclame et qu'elle mange des aliments sains.
- Poser sur le front un gant de toilette glacé ou imbibé de Synthol.

- Surtout, demander l'avis au médecin avant de prendre un médicament, car l'aspirine n'est pas recommandée, préférer le paracétamol.

Proposez-lui de se promener. L'air frais lui fera du bien.

Les pertes vaginales

Fréquemment, pendant la grossesse, le vagin produit une quantité plus importante de « pertes » à cause du changement hormonal.

Ce que la maman peut faire :

- Mettre des sous-vêtements en coton.
- Se nettoyer de l'avant vers l'arrière.

Si elle remarque une odeur, une gêne ou une sensation de brûlure, ou encore si la couleur des pertes est jaune ou verte, elle doit consulter son gynécologue.

Les étourdissements

Ils sont dus à la diminution temporaire d'afflux de sang au cerveau en raison d'une hypotension.

Ce que la maman peut faire :

- Changer de position très lentement quand ça arrive.
- Se reposer sur son côté gauche pour que le sang circule mieux.
- S'assurer d'avoir une alimentation saine et ne sauter aucun repas.
- Ne pas rester sans bouger pendant de trop longs moments.

Les gencives douloureuses ou saignantes

L'augmentation du volume sanguin et la congestion dans les gencives peuvent provoquer des saignements.

Ce que la maman peut faire :

- Voir avec son médecin si elle a besoin de vitamine C ou de fluor.

Les saignements de nez

Pendant la grossesse, le volume sanguin de la future maman augmente.

Ce que la future maman peut faire :

- Si elle saigne de la narine gauche par exemple, comprimer cette narine, garder la tête droite, pas en arrière, et tirer le bras droit vers le haut jusqu'à ce que le saignement cesse. La vitamine K peut s'avérer utile, parlez-en à votre médecin.

Envies fréquentes d'uriner

La pression exercée sur la vessie par l'utérus en croissance donne fréquemment envie d'uriner au cours des premier et troisième trimestres.

Ce que la future maman peut faire :

- Si elle se réveille plusieurs fois par nuit pour aller aux toilettes, elle doit éviter de boire trop avant d'aller se coucher.
- Si elle ressent une gêne ou une sensation de brûlure quand elle urine, elle doit consulter son médecin.

Tension basse

Pendant la grossesse, la tension de la mère a tendance à baisser pour revenir à la normale pendant le troisième trimestre.

Ce que la future maman peut faire :

- Boire beaucoup.
- Éviter les endroits clos.
- Consulter son médecin.

Les caries

Elles apparaissent fréquemment et ne sont pas toujours le symptôme d'une carence en calcium.

Ce que la future maman peut faire :

- Continuer son traitement dentaire habituel en avertissant son dentiste qu'elle est enceinte.
- Parler avec son médecin des suppléments en vitamine D et en calcium.

Vous vous sentez coupable qu'elle soit enceinte

Elle se réveille le matin et elle a envie de vomir, elle bouge un peu et la voilà essoufflée, le soir, c'est le sciatique qui coince. Et tout cela, parce qu'elle porte votre enfant ! Vous vous dites que si votre compagne n'était pas enceinte, elle ne connaîtrait pas tous ces désagréments, mais elle ne vivrait pas non plus les neuf mois qui peuvent être les plus beaux de sa vie. Vous oubliez aussi qu'elle a voulu cet enfant au moins autant que vous, si ce n'est davantage. Pourtant, au final, dans votre esprit, et parfois dans ses reproches à elle – très rares heureusement –, c'est de votre faute.

Vous avez tort de raisonner ainsi, bien sûr. Cette décision, vous l'avez prise ensemble, elle a été dictée par l'amour et non dans le but de vous nuire l'un l'autre. Tous les deux (et probablement elle encore plus que vous), vous saviez qu'une grossesse n'est pas toujours faite que de bonnes choses. Quand elle souffre, notamment lors de l'accouchement, pensez à tous les moments magiques qu'elle vivra grâce à cet enfant que vous avez fait ensemble. Ses douleurs seront vite oubliées une fois que le nouveau-né sera posé sur son ventre. Quand elle n'est pas au mieux de sa forme, revenez ensemble sur les moments merveilleux que vous avez vécus, moments où elle était heureuse d'être enceinte. Si vraiment vous n'arrivez pas à vous défaire de ce sentiment de culpabilité, soulagez-la le plus possible, redoublez d'efforts pour l'aider dans les tâches ménagères, soyez plus attentionné que jamais. Elle se sentira mieux grâce à vous et vous remerciera.

À qui mon bébé ressemblera-t-il ?

« C'est le portrait craché du papa ! » disent certains. « Mais il a les yeux de sa maman », répondent les autres. Vous n'y échapperez pas, vous non plus, c'est la même chose pour tout le monde, l'enfant est à peine né que la famille et les amis se penchent sur lui à la maternité et s'efforcent de trouver une ressemblance avec les parents ou avec les grands-parents. Et lui, insouciant, il continue à dormir !

Le patrimoine génétique

La plupart des nouveau-nés, encore marqués par l'accouchement, n'ont pas de traits bien définis. Pourtant, tout a été déterminé dès le moment où l'ovule et le spermatozoïde se sont rencontrés. La couleur de la peau, la forme des mains, le tempérament, et même la propension à souffrir d'une maladie, constituent les premiers « cadeaux » que le couple et la nature ont faits au bébé.

En fonction des parents, on peut prévoir certaines caractéristiques, mais rien n'est sûr. Pour vous donner une idée, un même couple peut donner naissance à 70 milliards d'enfants plus ou moins différents l'un de l'autre ! Les combinaisons possibles sont tellement nombreuses que seul le hasard peut faire qu'il ressemble davantage à vous qu'à la maman. Chacune des cellules du corps humain contient quelque 80 000 gènes distincts. Une moitié aura été apportée par la mère, l'autre par le père. Les particularités d'une personne se décident à l'échelle microscopique où s'exerce la loi du plus fort : les gènes dominants remportent la mise.

Les traits dominants

Jusqu'à il y a peu, on parlait essentiellement de gènes dominants et de gènes récessifs. On disait que les cheveux blonds correspondaient à un gène récessif alors que les cheveux noirs étaient dominants. Néanmoins, les règles qui régissent la nature sont un peu plus complexes que cela. Pratiquement tous les traits sont sous la dépendance de plusieurs gènes qui interagissent entre eux pour aboutir au résultat final. Par exemple, la couleur des yeux dépend de la quantité de mélanine présente dans l'iris où plusieurs gènes interviennent, un seul ne suffit pas. La même chose se produit avec les autres facteurs biologiques. Le seul qui se résume à un seul gène récessif ou dominant est le groupe et le facteur sanguins. Le facteur Rh positif, par exemple, domine sur le négatif, et un enfant sera donc Rh négatif uniquement si ses deux parents le sont, sauf si l'un des parents est négatif et l'autre positif hétérozygote (c'est-à-dire qu'il porte à la fois une version du gène positif et une version du négatif).

Néanmoins, certains caractères tendent à s'imposer par rapport aux autres. Ainsi, les cheveux frisés dominent sur les lisses, alors que la couleur noire (peau, yeux ou cheveux) a tendance à s'imposer sur les tons clairs ou blancs. Dans le cas particulier de l'iris, le bleu est la teinte la plus « faible ». Non seulement elle s'incline face au marron, mais aussi face au vert, au gris ou au café clair. C'est pour cette raison que les yeux bruns se transmettent seulement si c'est la couleur d'un des deux parents, mais deux parents aux yeux bruns peuvent avoir un enfant avec des yeux bleus. De même, les yeux en amande dominent sur les yeux ronds.

Le poids de l'hérédité

Pour la taille, les enfants sont en général grands si au moins un des parents l'est, et si les deux ont une taille importante, il est presque assuré que l'enfant les dépassera. Mais cela dépendra beaucoup aussi de leur alimentation et de leur activité physique. Quant aux hommes, ils ont 50 % de risques de souffrir de calvitie si leur père ou leur grand-père perdent leurs cheveux.

Il existe des familles dont les traits caractéristiques reviennent chez tous les membres. Par exemple, les fossettes au menton ou sur les joues se retrouvent souvent dans la descendance. Même chose pour la forme du visage qui a tendance à être constante, mais les visages grands et ovales dominent malgré tout sur les visages petits et ronds. De même, les pommettes saillantes ainsi que les lobes des oreilles charnus l'emportent sur le plan génétique. Dernièrement, on a démontré qu'il y avait une prédisposition génétique à l'obésité, bien que l'on ne puisse toujours pas affirmer si elle est dominante ou non.

Au niveau de l'intelligence, certains disent que si les deux parents ont un QI très élevé, c'est-à-dire avec de nombreux gènes d'« intelligence élevée », ils ont plus de chances de les transmettre à leurs enfants. Mais là encore, le vécu de l'enfant importe aussi.

L'influence du milieu

Heureusement, l'héritage génétique ne détermine pas tout, loin s'en faut. L'influence du milieu et la qualité de la vie jouent un rôle décisif, tout comme l'alimentation de la future mère pendant la grossesse, l'endroit géographique où l'enfant habite et une multitude d'autres éléments.

Si les caractères sont polygéniques (dépendent de plusieurs gènes), ils dépendent du milieu qui en régule l'expression. Du point de vue génétique, nous sommes tous égaux à 99 %, et c'est le petit pour-cent qui reste, l'influence du milieu, qui nous rend tous différents les uns des autres. Après la Seconde Guerre mondiale, des études ont été menées sur des jumeaux qui avaient été séparés pendant le conflit, et les résultats montrent qu'en moyenne, ceux qui s'étaient retrouvés du côté occidental avaient un QI supérieur de 15 points par rapport à leur frère qui avaient grandi du côté oriental, alors qu'ils étaient égaux à 100 % sur le plan génétique.

L'intelligence est un des aspects qui démontre le mieux comment le milieu peut, de façon importante, changer la prédisposition génétique. La même chose advient dans le domaine des émotions. Selon des études sur les liens existant entre l'héritabilité (la capacité d'un caractère à se transmettre d'une génération à l'autre) et la personnalité ou la tendance à développer certaines habitudes, on sait que le tempérament est déterminé en grande partie par l'ADN. C'est pour cela que la phrase « t'as le même caractère que ta mère » est bien fondée. Mais n'oubliez pas qu'une grande partie des attitudes chez les enfants se développent par imitation.

Bien qu'elle avance à grands pas, la science n'a donc toujours pas percé le secret de l'individu. Et même si on pouvait attribuer chaque trait à un gène et prédire l'apparence de chacun, il nous resterait notre âme (n'y voyez pas forcément une connotation religieuse) qui finalement nous rend uniques et nous permet de dépasser toutes les barrières, même celles de l'héritage génétique.

En attendant, vous profiterez du jeu des ressemblances et serez tout fier et heureux quand on vous dira : « Pas de doute possible, il a bien les orteils de son papa ! »

S'IL NE VOUS RESSEMBLE PAS

Votre enfant ne vous ressemblera pas forcément physiquement. Cela ne doit cependant pas vous rendre triste ou, pire, vous faire douter de la fidélité de votre compagne. Souvent, on s'évertue déjà à trouver l'une ou l'autre ressemblance lors des échographies. C'est humain certes, mais, à moins d'avoir droit à une échographie en 3D, ce n'est qu'illusion. De la même façon, une fois que bébé sera là, il pourra très bien ressembler à l'un des parents à la naissance et changer en grandissant. N'oubliez pas non plus qu'il peut vous ressembler aussi au niveau du caractère, ce qui est tout aussi important.

Quand peut-on connaître le sexe de l'enfant ?

Si vous ne souhaitez pas attendre la naissance pour le découvrir par vous-même, il faudra faire preuve de patience. En effet, on ne peut déterminer le sexe de l'enfant à l'échographie qu'à partir de la 22e semaine d'aménorrhée (la 20e semaine de grossesse) et, là encore, il y a un risque d'erreur que l'on évalue à 20 % environ. Il se peut aussi que la position du fœtus au moment de l'échographie ne permette pas de le voir, vous obligeant ainsi à attendre la visite suivante.

Vous devrez donc patienter parfois six mois pour le savoir approximativement.

Vous pouvez aussi vous amuser à le deviner en ayant recours à toutes les formules de grand-mère imaginables, ou à votre intuition. Quoi qu'il arrive, vous avez une chance sur deux d'avoir raison, autant qu'en jouant à pile ou face !

Savoir ou ne pas savoir ?

Si vous ne souhaitez pas connaître le sexe du bébé à l'avance, n'oubliez pas de le dire clairement au médecin lors des échographies, afin qu'il ne le dévoile pas par erreur. La plupart posent expressément la question aux parents, mais mieux vaut prévenir que guérir. Assurez-vous également que vous partagez tous les deux l'envie de connaître le sexe de votre enfant. Si vous êtes du même avis, pas de problème. Si, par contre, vous n'êtes pas d'accord, l'un ou l'autre devra céder : il est en effet utopique d'espérer ne pas se trahir en trois mois de temps.

Quel que soit votre choix, rappelez-vous que le plus important, c'est que vous allez être père ; qu'il s'agisse d'un garçon ou d'une fille demeure secondaire.

J'espérais un garçon/une fille, c'est une fille/un garçon

Au fond de nous, on a tous une petite préférence pour l'un ou l'autre sexe, même si on feint l'indifférence. Certains d'entre nous ont vraiment une préférence très marquée pour l'un ou l'autre sexe, et quand la nouvelle tombe ils peuvent être très déçus, d'autant plus que, dans leur tête, ils avaient déjà échafaudé beaucoup de projets avec leur petit garçon ou leur petite fille.

Est-ce que je pourrai l'aimer autant ?

Cette déception peut avoir des conséquences diverses. Votre épouse peut être blessée par votre réaction ; vous pouvez vous-même vous sentir très déprimé. Certains se reprennent très vite, alors que pour d'autres, la déception dure plus longtemps. Et, irrémédiablement, la question vient à l'esprit : « Est-ce que je pourrais l'aimer autant, lui ou elle, qui ne correspond pas à mes attentes ? » La réponse, c'est oui, bien sûr. On n'aime pas un enfant parce qu'il est de sexe masculin ou féminin, on l'aime parce que c'est notre enfant.

Demandez-vous pourquoi vous vouliez tel ou tel sexe. Qu'est-ce qui motivait cette préférence si marquée ? On a parfois peur d'avoir une fille parce que cela semble plus compliqué, ou que cela présente plus de risques à l'adolescence. D'autres, au contraire, penchent pour une fille parce qu'il existe souvent des relations magiques avec le père durant l'Œdipe. En ce qui concerne le sexe masculin, le papa peut considérer son fils comme un prolongement de lui-même, qui fait perdurer la lignée à travers le patronyme.

Quelles que soient les raisons et en toute sincérité, ne pensez-vous pas en définitive que l'on puisse vivre les mêmes choses avec un enfant du sexe opposé ? Ce sera peut-être un peu différent, mais vous pourrez faire pratiquement tout ce que vous souhaitiez. Par ailleurs, si vous aviez eu l'enfant du sexe espéré, vos rêves n'auraient pas été réalisés pour autant. Imaginez qu'au lieu d'être un fou de football, votre petit bonhomme ait une passion pour l'équitation ou la danse classique, vous l'aimeriez tout autant. Enfin, le simple fait d'avoir des craintes de ne pas l'aimer prouve bien que vous aimez déjà cet enfant.

Quand vais-je pouvoir le sentir bouger ?

Sentir l'enfant bouger, donner de petits coups à vos mains lorsque vous les posez sur le ventre de la maman est l'une des choses les plus belles pour un futur père. Malheureusement, six longs mois seront pratiquement nécessaires. C'est en effet aux alentours de 24 semaines d'aménorrhée que vous aurez de réelles chances de percevoir ses mouvements car il est assez grand et fort pour que les pressions qu'il exerce sur la paroi abdominale de la maman soient sensibles.

La maman pourra, elle, le sentir plus tôt, surtout si elle a déjà eu un enfant. Cette période où la mère a la primeur de cette sensation peut s'avérer frustrante pour vous. À vous alors de trouver la solution qui vous convient le mieux : soit vous vous précipitez à chaque fois pour tenter de le sentir vous-même, soit de temps en temps pour ne pas être trop déçu. De toute façon, dites-vous que votre tour finira bien par arriver. Sachez aussi être patient car, même plus tard, le bébé que l'on croit à portée de main peut jouer à cache-cache. Mais en laissant vos mains en place, il finira par taper. Surtout, ne pensez pas qu'il vous rejette ou qu'il le fait exprès, il ne sait même pas ce que cela veut dire.

Pour profiter au mieux de ces moments, pourquoi ne pas essayer l'haptonomie ? Vous apprendrez à jouer avec l'enfant alors qu'il est encore bien au chaud dans son cocon. La plupart des pères qui ont essayé ont adoré. Vous apprendrez très vite, et vous nouerez très tôt une réelle relation avec le bébé.

L'HAPTONOMIE

Cette préparation à l'accouchement est la seule qui s'adresse réellement au père et qui le mette sur un pied d'égalité avec la maman. Sans lui, en effet, point d'haptonomie.

Inventée par Frans Veldman, l'haptonomie se définit comme la science de l'affectivité. Par le toucher, elle se propose de créer dès la grossesse une relation forte entre le père, la mère et l'enfant. Elle est remboursée par la Sécurité sociale et commence le plus souvent dès le premier trimestre. On fait en général 8 séances avant la naissance et encore plusieurs après celle-ci. Dispensés par un médecin ou un psychologue formés à cette approche, les « cours » sont toujours suivis par un seul couple à la fois et jamais par une femme seule.

Vous y apprendrez le toucher haptonomique qui consiste à inviter votre enfant à venir dans le creux de vos mains en les plaçant sur le ventre de la maman. Vous pourrez ainsi apprendre à jouer, et même, bercer votre enfant *in utero*. Outre cet aspect, vous apprendrez aussi à faire face à l'accouchement.

La plupart des hommes qui l'ont pratiquée ont été enthousiasmés. L'haptonomie n'a pas de contre-indication. Point important pour obtenir des résultats, ni la mère, ni le père ne doivent considérer cette technique comme une obligation mais comme un réel plaisir.

Combien de poids va prendre ma femme ?

Elle, qui ne faisait pas attention à son poids doit maintenant se surveiller pour ne pas trop grossir. Mais trop, c'est combien ? Et ces kilos en plus, comment se répartiront-ils et quand ?

Premier trimestre

La prise de poids est faible à ce stade, voire nulle, et passera inaperçue. Dans certains cas, la maman va même perdre un ou deux kilos si elle souffre beaucoup de nausées qui lui coupent l'appétit. Elle mangera moins, son corps utilisera plus d'énergie, donc elle maigrira un peu.

Deuxième trimestre

La prise de poids va véritablement s'amorcer, plus ou moins rapidement selon que la mère a maigri un peu. Les nausées disparaissent en principe, elle retrouve l'appétit et aura des envies. La femme enceinte grignote souvent pour éviter les coups de fringale, croyant probablement qu'elle mange pour deux. Autant le dire tout de suite, elle se méprend : il ne s'agit pas de manger plus, mais de manger mieux. La future maman doit veiller à ne pas se jeter sur tout ce qui est comestible, car elle risque de prendre vite beaucoup du poids, ce qui est nuisible pour elle et le bébé et provoque des vergetures, la peau se retrouvant distendue trop rapidement. Suivre les conseils d'une nutritionniste ou d'une diététicienne peut s'avérer très utile alors.

À la fin du deuxième trimestre, la future maman doit avoir grossi de six kilos à peu près. Deux seront pour le fœtus, quatre pour la maman. Ces quatre kilos sont très importants, ils constitueront les réserves où elle ira puiser au moment de l'allaitement.

Troisième trimestre

Au cours du dernier trimestre, la prise de poids est d'un kilo par mois. Si on fait le total des kilos de graisse qui serviront de réserves d'énergie pour fabriquer le lait, le poids du bébé et ses enveloppes (5,8 kg en moyenne), la rétention d'eau (2 l), l'augmentation du volume sanguin (encore 1 à 1,5 l) et le gain de poids qui concerne la maman sans constituer des réserves, on atteint une surcharge pondérale finale comprise entre 9 et 13 kg. Mais il faut tenir compte de la taille et du poids initial de la femme. Dix kilos en plus n'auront pas le même effet surune femme d'1,50 m que d'1,75 m. À l'inverse, il existe des femmes qui maigrissent avec une grossesse car elles ont dû puiser dans leurs réserves.

Le tableau ci-après donne une indication de la répartition de la surcharge pondérale au cours de la grossesse. Encore une fois, ces chiffres ne sont donnés qu'à titre d'information.

BÉBÉ : 2,7 À 3,7 KG
Réserves graisseuses : 2 à 3 kg
Utérus : 900 g
Placenta : 400 à 500 g
Seins : 400 à 500 g
Liquide amniotique : 900 g
Volume sanguin : 1 à 1,5 l
Rétention d'eau : 2 l

Recommandation

Il est important que la prise de poids soit régulière. De toute façon, le médecin la surveillera de près. Une chute ou une prise de poids soudaines n'est pas normale et nécessite une consultation. En aucun cas, la maman ne doit prendre d'elle-même la décision de suivre un régime car elle risque d'avoir une alimentation déséquilibrée. Seul son médecin est à même de la conseiller.

Comment gérer les sautes d'humeur de ma compagne ?

Dans quelques mois seulement, la naissance de votre enfant marquera la consécration de l'amour qui vous lie à votre compagne. Depuis quelque temps, pourtant, vous ne la reconnaissez plus. Elle, qui était toujours calme et réfléchie, est devenue irritable. D'une seconde à l'autre, elle peut se montrer câline, puis vous envoyer promener l'instant d'après ou vous accabler de reproches. Le tableau est peut-être caricatural, mais assez répandu. Et si la future maman reste miraculeusement égale à elle-même, estimez-vous chanceux !

Le grand chamboulement

La grossesse est un moment de bouleversement psychologique pour les deux parents, mais aussi physique pour la femme enceinte. Assurez-la de votre amour et de votre soutien tout au long de ces neuf mois, même si vous ne pouvez pas ressentir les choses physiquement. Demandez-lui de vous confier ses craintes et ses pensées négatives au sujet du bébé. N'esquivez pas les discussions, écoutez-la.

Que votre femme soit sujette à des sautes d'humeur importantes dues aux changements physiologiques et psychologiques qu'elle subit est tout à fait normal. Soyez compréhensif et essayez de prendre les devants en tentant de l'aider à supporter les petits maux de la grossesse (p. 108), y compris les nausées (p. 106) et la fatigue. Son corps est en train de réaliser un travail de titan, même s'il n'est pas encore visible à vos yeux et à ceux du monde.

Faites-lui savoir que vous n'attendez pas d'elle qu'elle continue à faire tout ce qu'elle faisait avant, et considérez le premier trimestre de la grossesse comme une période d'adaptation. Elle sera probablement bien plus stable sur le plan émotionnel une fois le deuxième trimestre entamé, et son corps sera bien mieux adapté à son état.

Définir les rôles

Vous allez être parents. Bien qu'il soit important pour vous de partager équitablement les soins à accorder à l'enfant, vos rôles de père et de mère diffèrent et varieront en fonction des différents moments de votre nouvelle vie de famille. Il faudra en débattre pour trouver un accord. Une fois que la future maman aura entamé le deuxième trimestre de sa grossesse, elle pourra commencer à envisager l'avenir plus sereinement. Pas avant. Seriez-vous disposé à vous soucier de « problèmes existentiels » si vous aviez envie de vomir à longueur de journée ? J'en doute. Jusque-là, acceptez son ressentiment d'être la seule à subir des changements physiques.

Dès que votre compagne se sentira plus disponible, essayez d'engager avec elle des discussions de fond sur les répercussions de la naissance dans votre vie de couple. Qu'est-ce que la paternité vous apporte ? Comment concevez-vous la relation avec votre enfant ? Comment envisagez-vous de partager les soins du bébé avec la maman ? Qu'est-ce que la maternité représente pour elle ? Quel genre de relation avait-elle avec sa propre mère, et avec son père ? Confiez-lui ce qui vous inquiète par rapport à votre rôle à venir de parent. Et demandez-lui de vous faire part de ses sentiments à propos de cette grossesse et de l'accouchement qui approche. Plus que jamais, le dialogue sera important entre vous.

Échanger avec d'autres pères

Il vous sera aussi très utile de parler avec d'autres pères ou futurs pères. C'est aussi par vos relations avec d'autres hommes que vous pourrez vous construire en tant que parent. Ils pourront vous rassurer sur le fait que vos craintes sont légitimes et normales, peut-être qu'eux-mêmes les ont connues et pourront vous dire ce qui leur a permis de les dépasser. Naturellement, votre femme participera pour une grande part à la construction de votre nouvelle identité, mais ne dépendez pas uniquement d'elle. Certaines choses sont plus difficiles à dire et à partager avec sa conjointe, surtout si l'on préfère ne pas l'inquiéter outre mesure ; intérioriser n'est pas non plus une solution, tournez-vous vers d'autres hommes, ils partagent souvent les mêmes préoccupations.

L'importance du passé familial

Surtout ne paniquez pas à propos de l'émotivité de votre femme en ce moment. L'expérience de sa propre enfance peut être à l'origine des questions qu'elle se pose. La qualité des relations qu'elle avait avec ses propres parents, les rapports que ceux-ci avaient entre eux alors qu'elle était enfant peuvent expliquer ses appréhensions. Essayez de connaître la place dévolue à la femme dans sa famille. Comment les grossesses, les accouchements ont-ils été vécus par votre belle-mère ? Était-elle respectée, valorisée ou, au contraire, dévalorisée ?

Était-elle cantonnée à son rôle de mère ? De votre côté, réfléchissez à la relation que vous avez eue avec votre propre père et la façon dont vous souhaitez vivre la paternité dans votre famille. Les sujets étant nombreux et tous aussi importants les uns que les autres, il vous faudra du temps pour les aborder. Mais il vous reste encore plusieurs mois avant la naissance du bébé.

Ne soyez pas trop frustré si vous obtenez des réponses vagues pour l'instant. Attendez-vous à aller plus loin dans les discussions au fur et à mesure que la grossesse avance. Allez aux visites chez le médecin, suivez les cours de préparation ensemble, informez-vous sur le développement du bébé et l'accouchement. Votre femme s'ouvrira sans doute encore plus à vous une fois qu'elle pourra ressentir les premiers mouvements de l'enfant en elle et qu'elle se préparera à accoucher.

Quels sont les signes qui doivent nous alerter ?

Pendant la grossesse, il est facile de s'inquiéter au moindre symptôme et, souvent, on s'inquiète pour rien. Cependant, dans certains cas, on peut être tenté de minimiser ou décider d'attendre pour voir comment les choses évoluent afin de ne pas déranger le médecin. Or, c'est un mauvais calcul car vous passerez une nuit difficile et vous vous tourmenterez. Un simple coup de fil à votre docteur ou, s'il n'est pas disponible, aux urgences, pourra le plus souvent vous aider à faire le bon choix. Sans vous affoler pour n'importe quel symptôme ou problème rarissime découvert en vous documentant, certains signes objectifs doivent vous pousser à consulter (ou du moins, à appeler), voire à aller aux urgences.

Saignements, douleurs abdominales, infections

C'est le cas si la future maman remarque des saignements, même légers, ils peuvent annoncer une fausse couche. De fortes douleurs abdominales, des contractions, ou encore des crampes continues dans le bas-ventre, en début de grossesse, sont les signes éventuels d'une grossesse extra-utérine. La fièvre, les nausées ou les vomissements qui perdureraient au-delà du premier trimestre indiquent une infection. Plus précisément, les sensations de brûlure en urinant, les irritations, les pertes, les démangeaisons vaginales, traduisent des infections urinaires ou vaginales, des mycoses ou encore des MST qu'il va falloir traiter. Une douleur de la jambe, avec une sensation de chaleur localisée et une rougeur, sont symptomatiques d'une phlébite. Le gonflement soudain des mains, des jambes ou du visage, des maux de têtes persistants, des étourdissements ou des troubles de la vision, peuvent indiquer une toxémie gravidique. Plus tard, les fortes douleurs abdominales accompagnées de saignements sont susceptibles d'annoncer une fausse couche, un décollement du placenta ou encore un début de travail de prématuré.

Le bébé ne bouge plus, la poche des eaux est fissurée

Autre cas possible, si la maman remarque que le bébé ne bouge plus ou presque plus, elle doit consulter car il peut y avoir souffrance fœtale. De même, les douleurs au niveau des côtes indiquent souvent que le bébé est à l'étroit (cas des bébés très grands). Si votre compagne remarque un écoulement de liquide, elle doit également consulter, parce qu'il est possible que la poche des eaux où flotte votre bébé se soit fissurée ou rompue. En fin de grossesse, des douleurs fortes dans le bas du dos indiquent le début du travail (p. 139).

Si la maman devait présenter un ou plusieurs de ces symptômes, ne vous affolez pas. Appelez votre obstétricien ou votre sage-femme, allez en consultation et il ou elle jugera lui-même ce qu'il y a lieu de faire. Mieux vaut consulter pour rien que le contraire. Et si votre compagne ou vous-même êtes anxieux parce que vous avez le moindre doute, un petit coup de fil à la sage-femme de garde vous tranquillisera quelque peu.

Quels sont les risques liés au tabagisme ?

Si la maman fume pendant la grossesse, elle se fera du mal à elle, mais aussi au bébé.

Un bébé né d'une mère fumeuse a :

- plus de risques d'être anormal d'une façon ou d'une autre que les autres bébés ;
- plus de risques d'avoir un placenta défectueux ;
- deux fois plus de risques de naître prématurément ;
- trois fois plus de risques de naître avec un faible poids (même s'il naît à terme) ;
- plus de risques que les autres bébés de décéder au cours de sa première année (mort subite du nourrisson).

Ne faites pas l'erreur de penser qu'accoucher d'un enfant plus petit est plus facile. Un bébé de faible taille a moins de forces pour faire face au travail de l'accouchement, et court plus de risques de décéder à ce moment. Naître petit peut affecter sa santé même pendant sa vie d'adulte.

Chaque fois que l'on tire sur une cigarette, le gaz que l'on inspire est du monoxyde de carbone. Ce gaz interfère avec le transport de l'oxygène dans le sang et réduit l'apport en oxygène du fœtus. Or, sans un bon apport en oxygène, la croissance de votre enfant peut être affectée. La nicotine contenue dans les cigarettes est nocive, elle aussi. Elle contracte les vaisseaux sanguins au niveau du placenta, ce qui réduit davantage la quantité d'oxygène et de nutriments qui parviennent au fœtus. La nicotine a aussi comme effet d'accélérer le rythme cardiaque du bébé. Des études récentes ont montré que la nicotine de chaque cigarette fumée par la mère passe par l'enfant et se concentre dans le fluide où il flotte. En optant pour des cigarettes plus légères (moins de nicotine, de monoxyde de carbone et de goudrons), il est possible de réduire légèrement les répercussions sur le bébé.

Arrêter ou du moins réduire

Pour beaucoup de femmes, la cigarette offre une petite fuite au stress de la vie quotidienne, et arrêter n'est pas facile. Mais pour le bien de votre bébé, vous devez l'encourager à le faire, ou du moins à diminuer. Il n'est jamais trop tard, votre bébé en ressentira immédiatement les bénéfices. Évidemment si c'est vous, le futur papa, qui fumez, vous devez aussi faire l'effort d'y renoncer, pour soutenir la maman d'une part, et limiter au maximum le tabagisme passif, d'autre part.

Quels sont les risques liés à l'alcool ?

L'alcool traverse le placenta et atteint votre bébé très rapidement. Boire de l'alcool pendant la grossesse nuit au bébé.

Si la maman boit plus de six unités d'alcool par jour (1 unité d'alcool = 10 g d'alcool ou 10 ml d'alcool pur à 100 %) pendant sa grossesse, le risque de nocivité est très élevé. Le bébé peut venir au monde avec des troubles de la vue, de l'ouïe et sera gêné dans sa capacité future à apprendre. Boire entre deux et six unités d'alcool par jour conduit aussi à des handicaps. Fumer, manger mal et se droguer augmentent également les risques.

Si la future maman a l'habitude de boire beaucoup, elle aura vraisemblablement des difficultés à arrêter ou à diminuer sensiblement sa consommation. Admettre qu'elle a des problèmes d'alcoolisme ne sera pas aisé. Mais la dépendance à l'alcool se surmonte comme toute autre forme de dépendance et des spécialistes sont prêts à la soutenir. Parlez-en à votre médecin. Et surtout, encouragez-la.

Quand puis-je commencer à lui parler à travers le ventre ?

Commencez dès que vous en avez envie, même le jour de la grande nouvelle, si cela vous fait plaisir, mais il ne vous entendra qu'au début du sixième mois. Lui parler va vous permettre de nouer des liens plus rapidement avec lui. Votre bébé apprendra à reconnaître votre voix et la trouvera rassurante, ce qui vous sera utile plus tard quand il pleurera.

Comment procéder ?

Si vous voulez qu'il vous entende, parlez calmement sans murmurer. Souvenez-vous qu'il est dans une bulle protectrice qui atténue tout. Ne criez pas non plus, ne le brusquez pas, il aime le calme et en a besoin. Quand vous lui parlez, posez votre main sur le ventre de la maman, caressez-le, cela l'aidera à comprendre que c'est à lui que vous vous adressez. Vous pourrez parfois sentir qu'il vous reconnaît lorsqu'il répond par de petits coups. Ouvrez-lui votre cœur, parlez-lui de vos projets ensemble, de vos espoirs.

Vous aimeriez peut-être parfois que la maman ne vous entende pas, pour avoir un peu d'intimité : cela sera bientôt possible, dans quelque temps il sera dans vos bras et vous pourrez lui dire tout ce que vous voulez. En attendant, voyez le côté positif de la chose : en vous entendant parler au bébé, votre compagne sera rassurée quant à votre implication personnelle. Si vraiment vous vous sentez gêné ou intimidé, essayez de faire abstraction de tout ce qui vous entoure, et commencez juste par des petites phrases toutes simples, comme « bonjour, je suis ton papa », et vous verrez que, très vite, les mots sortiront tout seuls.

Quel genre de musique lui faire écouter ?

Tout d'abord, sachez que même si vous lui passez l'intégrale de Mozart et Beethoven, cela n'en fera pas pour autant un futur grand musicien. Ensuite, vous pouvez, en théorie, écouter ce que vous voulez ou presque, même s'il est plus simple de s'endormir sur une musique calme que sur des rythmes effrénés ! Faites juste preuve de bon sens. Si le bébé n'apprécie pas le hard-rock ou la techno, il le fera sentir par des coups de pied, quant à vous, inutile de renoncer à écouter ce qui vous plaît.

On sait maintenant depuis longtemps qu'après la naissance, le bébé sera apaisé par une chanson qu'il a entendue dans le ventre de sa mère, ce qui vous servira lorsqu'il pleurera ou que vous souhaiterez l'endormir. Passez le CD, fredonnez-lui quelques chansons, plus il les entendra, plus elles feront partie de son univers et auront un pouvoir rassurant. Et une fois qu'il sera là, vous comprendrez vite laquelle il préfère.

Dois-je assister aux cours de préparation ?

Encore une fois, vous n'êtes pas dans l'obligation d'y assister, mais il peut être très intéressant d'y aller. Si vous devez faire un choix faute de disponibilité, il vaut mieux se rendre aux consultations du médecin ou de la sage-femme, mais ces cours sont très instructifs pour vous aussi (du moins certains comme la préparation classique ou l'haptonomie) et vous permettront d'apprendre beaucoup de choses sur la grossesse, l'accouchement et votre rôle. Vous aurez là aussi l'occasion de poser des questions. Savoir ce qui vous attend et ce que vous devrez faire pour aider votre compagne au cours du travail vous rassérénera le moment venu, car vous maîtriserez alors les gestes répétés à plusieurs reprises.

Vous aurez peut-être aussi l'occasion de rencontrer d'autres futurs pères et de partager vos expériences.

Les préparations ne présentent pas toutes le même intérêt pour les futurs pères. Vous apprendrez beaucoup avec la préparation classique et vous jouerez un rôle de premier plan dans l'haptonomie (p. 124) ; par contre, le chant prénatal (une préparation où les futures mères apprennent à contrôler leur respiration en chantant) vous apportera moins, même s'il peut être utile d'y assister. Comme pour tous les types de préparation à l'accouchement, vous vivrez cette grossesse avec votre compagne, et cela vous immergera dans votre rôle de père. Ainsi, vous cesserez d'être un simple spectateur pour jouer aussi un rôle actif.

Comment s'organiser pour partir en vacances ?

Les longs voyages sont particulièrement épuisants pendant la grossesse. Demandez au préalable l'avis de votre médecin qui saura vous conseiller au mieux en fonction de l'état de santé de la maman. Il vous faudra planifier sans trop la stresser. Faites une pause toutes les deux heures lors des trajets en voiture au cours de laquelle elle se dégourdira les jambes. Veillez à ce que la ceinture s'ajuste bien. Le haut doit passer entre les seins de la maman, et le bas, en dessous du ventre.

Ménagez-la, si vous trouvez qu'elle est fatiguée ou s'il y a beaucoup de trafic, faites une halte supplémentaire, et profitez-en pour manger et boire quelque chose.

FUTURE MAMAN AU VOLANT

Un petit coussin servira sans doute à mieux soutenir le dos de la maman, surtout si elle conduit. Son siège sera aussi reculé que possible. Elle portera des habits larges et confortables, et des chaussures sans talon. Mais la meilleure des choses est sans doute d'éviter de prendre la route, histoire de limiter au maximum les risques inutiles.

En avion

Les compagnies aériennes acceptent en général les femmes enceintes jusqu'à 28 semaines, mais elle devra demander un certificat à son médecin attestant qu'elle peut prendre l'avion. Après 36 semaines, elle ne sera plus autorisée à voyager en avion. Prévoyez vos vacances longtemps à l'avance et essayez d'éviter les longs courriers dans la deuxième moitié de la grossesse. Les avions peuvent être bondés et l'air pressurisé de la cabine provoque des gonflements des pieds et de l'inconfort.

Précautions

Si vous avez prévu de voyager à l'étranger alors que votre partenaire est enceinte, assurez-vous que vous êtes en ordre au niveau des éventuelles vaccinations nécessaires pour le pays concerné. Attention, beaucoup de vaccinations sont déconseillées pendant la grossesse, alors vérifiez bien avant de réserver vos vacances. Contrôlez aussi le niveau d'hygiène du pays, par exemple en ce qui concerne l'eau potable. Dans certaines zones du globe, vous souhaiterez sans doute amener votre propre trousse de secours. Parlez-en à une sage-femme, à votre médecin, ou contactez le centre de vaccination d'Air France (www.vaccinations-airfrance.fr) qui rassemble toutes les informations utiles aux voyageurs (températures, vaccins, nourriture, hygiène, MST, voyage des nourrissons et des femmes enceintes)…

L'accouchement

Quand faut-il partir pour la maternité ?

Quand la date prévue pour le grand jour approchera, vous deviendrez anxieux de savoir quand il faudra partir pour la maternité. Certaines femmes, dont la grossesse est à haut risque, doivent se rendre à l'hôpital à la moindre anomalie. Si la grossesse se passe sans problème, il faut y aller quand le travail a commencé pour de bon. Comment le savoir ?

Qu'est-ce que le travail ?

Le travail est défini par les médecins comme un changement de dilatation et un amincissement du col de l'utérus, déterminé par un examen. Il y a beaucoup de fausses alertes, surtout si la femme s'apprête à être maman pour la première fois ; les contractions disparaissent parfois mystérieusement dès lors que le monitoring de l'hôpital est installé. En vérité, il est difficile de savoir où on en est exactement sans examen médical.

Le travail commence de façon progressive en général. Il y a des contractions irrégulières, dites de braxton-hicks, qui peuvent commencer dès la moitié de la grossesse. Au fur et à mesure que le temps passe, ces séquences deviennent plus organisées jusqu'à ce que le travail soit ininterrompu, soit, en général, dans les 24 ou 48 heures précédant l'accouchement à proprement parler.

Contractions régulières, saignements, perte des eaux

Même si les contractions ne dilatent pas le col de l'utérus suffisamment à ce stade, elles le rendent plus fin et permettent à la tête du bébé de descendre et venir se loger tout contre, de façon à ce que l'utérus soit plus souple au moment où le travail commence pour de bon.

Pour que la tête du bébé arrive à dilater le col de l'utérus, il faut qu'elle exerce sa force de manière rythmique. La force doit être suffisante, mais le rythme doit être intermittent. Si les contractions sont irrégulières, le rythme n'est pas efficace. Pour un premier enfant, il est conseillé de se rendre à la maternité au bout d'une heure et demi à deux heures de contractions toutes les 5 minutes. Pour les accouchements suivants, cet espacement entre chaque contraction passe de 5 à 10 minutes.

Les saignements ne sont jamais considérés comme normaux, à moins qu'il ne s'agisse d'une petite tache après un examen médical. Une femme enceinte doit signaler à son médecin ou sa sage-femme tout saignement ou se rendre à l'hôpital quand il apparaît. Heureusement, c'est aussi un signe que le travail va commencer.

La rupture des membranes amniotiques (la « perte des eaux ») mérite aussi que l'on se rende à l'hôpital. Si du liquide peut sortir, des bactéries peuvent entrer, on doit donc éviter une infection qui mettrait en danger à la fois la maman et le bébé. Le travail spontané commence souvent par la perte des eaux, et la plupart des accouchements battent de vitesse les infections qui pourraient se développer.

En résumé, les trois symptômes qui doivent vous pousser à rejoindre la maternité sont les contractions régulières, la perte du bouchon muqueux et la perte des eaux. Peut-être vous y rendrez-vous pour rien, mais vous aurez tout fait dans les règles. Mieux vaut en effet être renvoyé plusieurs fois sans avoir accouché, en tout cas, si ce n'est pas votre projet de naissance.

PAS DE PANIQUE !

Bien sûr, vous aurez sans doute envie de foncer comme un malade à la maternité, en roulant vite, trop vite. C'est l'image classique que l'on voit dans les films. Détrompez-vous, le plus souvent vous aurez tout le temps de vous rendre à la maternité. De plus, les quelques minutes que vous gagnerez sont peu de chose face aux risques encourus. Un accident pouvant blesser le bébé et la maman est vite arrivé. La prudence est donc de rigueur. Prenez votre temps. Une fois que vous serez en train de patienter pendant des heures en salle de travail, vous vous demanderez bien assez pourquoi vous êtes parti si tôt.

Est-ce qu'on n'a rien oublié dans la valise ?

Ce qu'il faut penser à prendre…

Pour la maman :

- un peignoir,
- des chemises de nuit (3 minimum),
- une paire de pantoufles,
- des soutiens-gorge (2 minimum),

- des culottes, serviettes hygiéniques spéciales maternité (2 à 3 paquets, grandes),
- un nécessaire de toilette (serviettes-éponges, gants de toilette, savon, brosse à dents, etc.),
- des vêtements pour la sortie,
- un bic, un réveil ou une montre.
-

Pour le bébé :

- 8 pyjamas,
- 8 chemises ou bodys s'ouvrant devant,
- 3 brassières de laine ou en éponge,
- 5 paires de chaussons ou chaussettes,
- 10 bavoirs en éponge,
- 7 gants de toilette,
- 7 serviettes de toilette,
- 1 brosse à cheveux et un peigne,
- bonnet et vêtements chauds pour la sortie,
- 1 bonnet de coton (pour le premier jour).

PAPIERS ADMINISTRATIFS À PRÉVOIR À LA MATERNITÉ

- Carte de Sécurité sociale.
- Carte de mutuelle du père et de la mère.
- Carte d'identité du père et de la mère.
- Carte de groupe sanguin.
- Livret de famille.
- Document éventuel relatif à une reconnaissance du bébé si les parents ne sont pas mariés.

Comment se passe un accouchement ?

Après près de neuf longs mois d'attente, vous allez enfin rencontrer le bébé qui a donné un nouveau sens à votre vie, le prendre dans vos bras et déposer sur sa joue votre premier baiser…

Et ce sera, probablement, la partie la plus difficile pour la maman, et la plus éprouvante psychologiquement pour vous, le papa. Mais si vous savez à quoi vous attendre, au moins dans les grandes lignes, vous serez moins déboussolé et vous pourrez mieux soutenir la maman si vous avez décidé d'être présent.

L'accouchement compte quatre étapes. La première phase correspond à la dilatation du col ; la deuxième phase à l'expulsion. La troisième commence après la naissance de l'enfant et continue avec la délivrance du placenta. Enfin, la quatrième phase concerne les soins à la maman et à l'enfant.

Effacement et dilatation du col utérin

Les contractions sont le résultat du durcissement et du relâchement de l'utérus. L'effacement correspond au raccourcissement du col qui se dilate pour laisser le bébé descendre. Le col disparaît lentement, tiré vers le haut par les contractions pour passer de l'état fermé à une ouverture d'un diamètre de 10 cm, on parle de dilatation. C'est sur ces quelques phénomènes, simples à évaluer et à suivre, que les médecins et les sages-femmes se baseront pour évaluer l'avancement du travail et que sont délimitées les différentes phases de celui-ci.

Première phase

La première phase de l'accouchement commence par des contractions régulières et se termine une fois que le col s'est complètement dilaté. Au début, le travail est plutôt calme, le col s'ouvre de 3 ou 4 cm, de façon assez lente. Les contractions durent 30 à 40 secondes, et l'intervalle entre celles-ci va progressivement se réduire. Elles ne sont pas excessivement douloureuses et, en général, les femmes arrivent à les supporter.

Il est difficile de prévoir l'état d'âme de la future maman à ce moment : d'une part, il y a la joie liée au fait de tenir bientôt ce bébé dans les bras. D'autre part, et c'est surtout le cas pour les femmes qui deviennent mères pour la première fois, il y a la peur liée à l'accouchement. Même si votre femme se sent en pleine forme, il est important que vous veilliez à ce qu'elle se repose autant que possible, car il est difficile de prévoir la durée totale du travail, et beaucoup de forces seront nécessaires pour mettre l'enfant au monde.

Cette phase est suivie par un travail plus actif, où le col se dilate à un rythme plus soutenu jusqu'à environ 7 cm. Les contractions deviennent plus intenses et plus longues (elles durent environ 60 secondes), et les périodes de répit pour la femme sont plus courtes, entre 3 et 5 minutes. C'est à partir de ce moment que la plupart des femmes demandent la péridurale ou une autre option pour réduire la douleur. C'est aussi pour la maman le moment de commencer à se concentrer davantage sur ses contractions. Il se peut que des saignements apparaissent à ce stade. Ne vous inquiétez pas, mais signalez-le à la sage-femme qui vous rassurera. La maman risque aussi de devenir moins loquace et moins réceptive à votre humour éventuel. Elle se focalise tout doucement sur ce qui se passe en elle car la douleur se fait de plus en plus intense et la fatigue s'accumule.

COMBIEN DE TEMPS DURE L'ACCOUCHEMENT ?

Il n'y a pas moyen de prévoir combien de temps va durer le travail. Bien qu'on parle souvent de 8 ou 10 heures pour un premier enfant, et de 3 ou 5 heures pour les suivants, chaque travail, chaque accouchement est différent. Les contractions peuvent s'étaler sur plusieurs jours, mais, dans ce cas, elles sont généralement peu intenses, et l'intervalle entre elles est suffisamment long pour que la maman ne se fatigue pas excessivement.

Le moment est venu d'appliquer tout ce que vous avez pu apprendre durant la préparation à l'accouchement. Il est nécessaire aussi que la mère se détende autant que possible et qu'elle change de position au moins toutes les demi-heures. Si vous avez décidé d'assister à l'accouchement, vous devrez maintenant rester à ses côtés autant que possible. Pour les pauses-cigarettes ou le café, vous aurez le temps plus tard.

Une dernière étape très intense termine la première phase de l'accouchement, celle de la dilatation définitive du col de l'utérus avant que le bébé n'entame sa descente. Les contractions sont très intenses, durent de 60 à 90 secondes, et sont espacées de 2 ou 3 minutes seulement, ce qui laisse très peu de temps à la maman pour récupérer. Celle-ci doit se concentrer sur sa respiration, et il faudra souvent l'aider à trouver son rythme. Elle risque fortement de devenir très irritable, sensible à ce qui l'entoure, d'avoir chaud ou froid, peut-être même d'avoir envie de vomir. Il se peut aussi qu'elle ressente déjà le besoin de pousser.

Deuxième phase

Le col s'est complètement dilaté jusqu'à 10 cm, et la future maman va pousser l'enfant, avec des contractions très intenses et douloureuses, dans sa descente. Ces dernières durent environ 60 secondes, espacées de 2 ou 3 minutes d'intervalle. La maman aura une envie irrésistible de pousser, son rôle devient plus actif. Avec la péridurale, par contre, la maman sent beaucoup moins les contractions puisque le bassin est insensibilisé. Elle ne sait pas exactement quand elle doit pousser, ce qui complique sa tâche, mais la sage-femme, à l'aide du monitoring, la guide pour lui indiquer les moment opportuns. Il se peut qu'elle ait une impression de déchirement ou de brûlure au moment où la tête de l'enfant commence à sortir. La fin de cette phase se couronne par un énorme soulagement et une joie intense avec la naissance de votre enfant. Vous voilà papa pour de bon !

Troisième phase

Vient ensuite la délivrance du placenta. C'est la phase la plus courte, elle ne dure que 20 ou 30 minutes. Les contractions qui vont expulser le placenta sont très intenses et douloureuses mais très différentes du travail et de l'expulsion. Elles sont plus longues car l'utérus se contracte pour arrêter le flux de sang des vaisseaux sanguins auxquels le placenta était attaché. On encourage les femmes à pousser pendant cette phase. L'utérus reste contracté après la délivrance du placenta pour éviter tout risque d'hémorragie.

Quatrième phase

La phase qui suit la naissance et la délivrance du placenta n'est pas toujours considérée comme faisant partie de l'accouchement en lui-même. Elle est pourtant très importante. C'est une période où l'on soigne la maman et où vous ferez ensemble connaissance avec votre enfant. Pendant cette phase, on examine le placenta et le cordon, on contrôle qu'il n'y ait pas de déchirures chez la maman et on les recoud si nécessaire, en particulier en cas d'épisiotomie (p. 163). La mère est ensuite gardée en observation, cette étape est indispensable à tout accouchement car le risque d'hémorragie touche toutes les femmes et peut s'avérer très grave. Une fois que ce risque est écarté, on transportera la mère dans sa chambre.

Dois-je assister à l'accouchement ?

Aujourd'hui, les papas sont fortement encouragés à assister à l'accouchement, à moins qu'il ne s'agisse d'une césarienne qui se pratique sous anesthésie générale. L'image au cinéma du père qui fait les cent pas et fume cigarette sur cigarette dans la salle d'attente en attendant qu'une infirmière pointe sa tête pour dire : « C'est un garçon » ou « c'est une fille », n'a plus lieu d'être. Certains hommes, néanmoins, hésitent à être présents ; leurs doutes doivent être respectés.

Il est important que vous preniez le temps de réfléchir et de discuter avec la maman sur ce point car cela s'avère bien plus complexe qu'il n'y paraît. Plusieurs choses doivent être prises en compte. Évidemment, si vous en avez envie tous les deux et que vous êtes persuadés que c'est une bonne chose pour votre couple, le problème ne se pose pas.

Des sentiments ambivalents

- Vous pouvez vous inquiéter sur vos capacités à assumer ou non l'accouchement.

- Vous pouvez souhaiter ardemment la « coacher » pour la respiration, les poussées, mais, de son côté, elle n'a aucune envie qu'on lui dicte ce qu'elle doit faire.

- Vous pouvez être inquiet des répercussions de l'accouchement sur votre vie sexuelle (pour la plupart des couples, pourtant, cela ne présente pas un problème).

- La maman peut, quant à elle, souhaiter que vous n'assistiez pas au travail ou à l'accouchement car elle préfère être libre de se concentrer seulement sur elle et sur ses propres besoins (p. 150).

En général, en parler tout au long de la grossesse suffit pour venir à bout de toutes ces hésitations. Si vous persistez dans vos doutes, parlez-en avec votre médecin, ou à une sage-femme, et discutez avec d'autres pères pour recueillir leurs impressions sur l'accouchement.

Un moment inoubliable

Pour beaucoup d'hommes, néanmoins, être aux côtés de la femme qu'on aime pendant le travail et la voir donner naissance peut créer un immense respect pour son courage et renforcer l'amour du couple. Couper le cordon, sortir le bébé soi-même ou encore voir la tête apparaître sont des émotions uniques et inoubliables.

Si toutefois vous n'avez pas envie d'être présent ou si, à un moment, vous souhaitez partir, ne vous forcez pas outre mesure. C'est votre droit. Expliquez juste à la maman ce qui vous pousse à agir de la sorte.

> ### ASSISTER À L'ACCOUCHEMENT : LES ALTERNATIVES
>
> - Arrangez-vous pour qu'une tierce personne soit là pour vous soutenir, vous et la maman, vous pourrez ainsi vous absenter si vous vous sentez dépassé sans que la future maman se sente abandonnée à son sort.
> - Autres solutions : assister au travail et quitter la salle au moment de l'expulsion, ou encore, assister à l'accouchement et pas au travail, ce qui réduit le stress de l'attente.
> - Enfin, vous avez la possibilité de rejoindre votre compagne après la naissance.

Elle ne veut pas que j'assiste àl'accouchement, pourquoi ?

Oui, cela arrive, et sans doute plus souvent qu'on ne le croirait. Certaines femmes ne veulent pas que le futur papa soit de la partie. Si vous n'étiez pas très chaud à l'idée de vous retrouver aux premières loges, cela simplifie les choses. Mais si vous comptiez bien y assister, cela devient nettement plus délicat. En effet, vous ne pouvez pas la forcer et si elle demande à ce que vous quittiez la pièce le jour J, le corps médical respectera probablement son souhait.

Sans doute la première question que vous vous poserez quand vous entendrez son objection, c'est : « Pourquoi ? » ou encore : « Comment est-ce possible ? Ce sont les papas qui ne veulent pas être là, pas l'inverse ! » Les explications de la maman peuvent parfois être confuses. Elle peut avoir des difficultés à vous en donner les raisons, souvent très personnelles ; les comprendre sera primordial pour vous à double titre : d'une part, vous accepterez mieux sa décision (même si ce sera toujours à contrecœur), d'autre part, peut-être parviendrez-vous à la convaincre de changer d'avis.

Les causes possibles

Dans la culture et les traditions de certaines mamans, l'accouchement a toujours été une affaire de femmes où les hommes ne prenaient pas part. Leurs mère, tantes, sœurs… assurent tout le soutien dont elles ont besoin. Cela n'est pas très surprenant : en Occident par exemple, le futur père n'a été admis en salle d'accouchement que récemment.

La future maman peut avoir aussi des réticences par pudeur. Un accouchement est quelque chose d'intime. Être installée sur la table gynécologique, jambes écartées, les pieds dans les étriers, n'est pas évident. Ne seriez-vous pas gêné vous-même dans une telle posture ? Vous a-t-elle laissé assister aux visites chez le gynécologue ? Si c'est non, la cause de son refus vient probablement de là.

Votre femme peut redouter de ne pas apparaître sous son meilleur jour car elle va certainement souffrir, hurler, pleurer, déféquer peut-être (un petit laxatif, pris au préalable, remédiera à ce désagrément)… Elle peut s'imaginer que vous la trouverez moins désirable. Nombreux sont les témoignages qui attestent d'une baisse de désir chez l'homme ayant assisté à l'accouchement. On aura beau lui dire que cela ne touche pas tous les couples, que vous n'êtes pas obligé de regarder dans le détail…, la peur est là.

Autre raison possible : elle craint que vous ne soyez pas d'une grande utilité, que vous ne la stressiez encore plus. Peut-être pense-t-elle que vous vous évanouirez, notamment si elle sait que vous ne supportez pas les hôpitaux ou la vue du sang. Or, elle aura assez à faire sans devoir vous prendre en charge.

Enfin, le souvenir de votre attitude et de vos réactions lors d'un premier accouchement auquel vous avez assisté peut la dissuader de vous laisser à ses côtés.

Trouver un compromis

Une fois que vous aurez compris ce qui la pousse à refuser votre présence, vous pourrez peut-être parvenir, avec elle, à un compromis qui vous permette de vivre en direct la naissance de votre enfant. Proposez-lui d'être à ses côtés pendant le travail et de sortir au moment de la naissance pour revenir juste après. Il y a des chances pour que, si vous ne commettez pas d'« erreur » pendant le travail, elle vous demande elle-même de rester pour la soutenir dans les derniers instants. Vous pouvez aussi lui dire que vous ne comptez pas regarder, mais simplement rester à ses côtés, pour lui tenir la main…, discutez-en dans le calme, en insistant sur le fait que pour vous c'est important. Et si c'est un « non » ferme et définitif, vous devrez prendre votre mal en patience, mais au moins vous saurez pourquoi.

J'ai une peur bleue de l'accouchement, c'est normal ?

Le jour « J » approche, « enfin ! », direz-vous. Vous allez rencontrer votre enfant que vous attendez depuis neuf longs mois. Vous saurez enfin s'il a vos yeux, votre nez…, et surtout, vous pourrez le tenir dans vos bras et lui donner son premier baiser. Vous ai-je déjà dit que vous pourrez aussi dire adieu aux nuits de sommeil, aux matchs de foot regardés tranquillement à la télé ? Non ? Bon alors, oublions ça un instant, et revenons au moment tant attendu : la naissance.

Vous serez sans doute impatient, mais inquiet. Quand la maman vous aura donné le signal, le cœur battant, vous filerez en voiture à la maternité. Vos inquiétudes sont normales. Un accouchement, ce n'est pas une partie de plaisir, ni pour la maman, ni pour vous. Ce n'est pas une science exacte, et l'on ne peut jamais savoir à l'avance comment ça va se passer. Certains hommes sont déjà mal à l'aise à l'idée de devoir se rendre à l'hôpital. Pour d'autres, c'est la vue du sang ou la souffrance de leur femme qui les déstabilise.

La peur habite tous les pères

La salle d'accouchement, si vous n'en avez jamais visité, a peut-être pour vous une apparence effrayante du fait du manque d'information. Renseignez-vous autant que possible. Cela vous permettra d'obtenir des réponses à vos questions et d'effacer vos craintes ou, du moins, de les relativiser. De nombreuses maternités proposent de visiter les lieux avant le jour J.

Vous avez peur que cela ne se passe mal. On a tous entendu des récits terrifiants. C'est à se demander d'ailleurs si certains ne le font pas exprès, pour ajouter à nos inquiétudes. Rien d'étonnant à ce que l'homme ait peur. Il sait qu'en cas de problème, il sera totalement impuissant. En un instant, il peut tout perdre. La maman, le bébé, ou les deux. Consciemment ou inconsciemment, cette peur habite la plupart des futurs papas.

La médecine fait chaque jour des progrès

Rassurez-vous néanmoins : même si le risque zéro n'existe pas, il y a beaucoup de chances pour que tout aille bien. La médecine progresse chaque jour, les moyens techniques se perfectionnent. Certains problèmes (hématome rétro-placentaire, par exemple) sont désormais détectés avant l'accouchement et les obstétriciens savent comment agir. La surveillance est par ailleurs beaucoup plus importante qu'auparavant, tant au cours de la grossesse qu'au moment de l'accouchement. Le monitoring surveille les battements du cœur de l'enfant pour s'assurer qu'il ne souffre pas, et les contractions sont suivies de la même manière. La sage-femme passe régulièrement s'assurer que tout va bien et les médecins au bloc opératoire sont prêts à intervenir pour une césarienne en urgence.

Si le docteur ne vous a pas fait part du moindre risque lors des consultations prénatales, vous pouvez donc vous détendre, vous n'aurez probablement aucun souci à vous faire, ou du moins, pas de gros soucis. L'accouchement sera plus ou moins long, plus ou moins stressant pour vous et douloureux pour la maman, mais vous rentrerez bientôt tous les trois à la maison.

Oubliez donc vos idées noires car la plupart du temps, elles ne sont pas vraiment justifiées. Elles vous empêcheront juste de profiter pleinement de ces moments magiques. En outre, si vous êtes stressé, vous n'arriverez pas à rassurer la maman dont l'anxiété pourrait avoir un effet négatif sur l'efficacité des contractions. Le plus souvent heureusement, on est tellement absorbé par ce qui se passe que l'on n'a même pas le temps de s'inquiéter, surtout si l'accouchement va vite. La sage-femme et le pédiatre procéderont ensuite au premier examen (p. 167).

J'ai peur de tomber dans les pommes

Voilà, le grand moment est arrivé, vous êtes prêt à affronter cette épreuve et à soutenir la maman. Vous êtes l'homme de la situation. Mais… – car il y a un mais –, il se trouve que votre femme vous a raconté que le mari de la voisine s'était évanoui pendant l'accouchement. Avouez-le, vous avez souri. Puis, tout doucement, l'idée a fait son chemin dans votre tête : et si cela m'arrivait à moi aussi ? Le drame, la honte. Vous, l'homme fort et courageux, qui devez réconforter votre compagne…, vous allez avoir besoin des médecins ?

Ne vous inquiétez pas. Ce sont des choses qui arrivent mais ce n'est pas systématique, donc vous pouvez très bien ne pas vous retrouver dans cette situation. Et même si cela devait arriver, ce n'est pas honteux. Ce n'est pas parce que vous n'accouchez pas que vous devez rester de marbre. Vous allez vous faire du souci pour l'enfant et la maman, vous serez frustré parce que vous vous sentirez impuissant, peut-être même vous sentirez-vous coupable. Toutes ces émotions intenses, la vue du sang, mettent à rude épreuve votre résistance. Ce qui ne serait pas normal, c'est de ne pas être stressé du tout. Quoi qu'il arrive, les infirmières seront là pour prévenir tout problème et s'occuper de vous le cas échéant.

Les trucs qui aident

Il existe quelques petits trucs tout simples auxquels on ne pense pas toujours dans la folie du moment.

- Tout d'abord, assurez-vous de ne pas avoir le ventre vide. Mangez et buvez, même si la maman doit rester à jeun. Inutile de courir le risque de faire de l'hypoglycémie.
- Sortez de temps en temps prendre l'air, sans attendre d'être livide ou d'avoir du mal à respirer.

- Habillez-vous léger, il fait chaud dans une salle d'accouchement.
- Prenez de quoi vous occuper : l'accouchement, si c'est le premier, durera longtemps, au moins 8 heures en général. Si vous ne vous changez pas un peu les idées, vous et la future maman, si vous vous focalisez trop sur la naissance à venir, vous courez le risque de faire monter la pression trop haut. N'ayez pas peur de rire ou de vous distraire. Quand les choses deviendront vraiment sérieuses, vous vous en rendrez compte tout seul. Et la maman ne manquera pas de vous le faire savoir.
- Informez-vous autant que possible sur l'accouchement, sur la maternité… Plus vous en saurez sur ce qui peut se passer, moins vous aurez le sentiment d'avancer à l'aveuglette, et mieux vous irez.
- Si vous avez suivi les cours de préparation à l'accouchement, vous saurez comment soutenir la maman. Si ce n'est pas le cas, ne vous inquiétez pas, le simple fait d'être présent l'aidera beaucoup.
- Si vous avez envie de quitter la salle, pas de problème. C'est votre droit, rien ne vous oblige à être présent, cela ne fera pas de vous un père ou un mari plus mauvais.
- Ne vous obligez pas à regarder la naissance aux premières loges si vous ne supportez pas la vue du sang ou si vous n'en avez pas envie.
- Enfin, le plus important, n'oubliez pas votre sens de l'humour. Si malgré tout l'émotion est trop forte et que vous tournez de l'œil, ce n'est pas dramatique. Bientôt, il s'agira d'une anecdote amusante. La seule chose que l'on retiendra de ce jour de toute façon, c'est la naissance du bébé.

Est-ce que je dois regarder ?

En voilà une question intéressante ! Est-ce que vous êtes obligé de regarder l'accouchement en direct si vous avez choisi d'assister à la naissance ? Vous ne devez rien. Vous pouvez, si vous le souhaitez. Mais personne ne vous y oblige.

D'ailleurs, beaucoup de papas ne le font pas, ils restent près de la tête de la maman où ils lui chuchotent des mots doux, l'encouragent, la rassurent. Si vous n'en avez pas envie, ne vous forcez pas, il est assez normal de ne pas être trop tenté de regarder. Si la naissance est quelque chose de magique, la « vue » l'est nettement moins. Certains en ont d'ailleurs leur libido sérieusement affectée. Pour d'autres, par contre, c'est la chose la plus naturelle du monde : non seulement ils ne sont pas perturbés, leur désir pour leur femme demeure inchangé, mais ils affirment de surcroît qu'ils ne rateraient cela pour rien au monde. Il n'est pas rare même de voir un homme photographier chaque étape de la naissance de son enfant, voire de la filmer.

Comme quoi, tout dépend de la sensibilité de chacun. Si vous avez envie de regarder, ne vous en privez pas. Si vous ne le voulez pas, ne le faites pas. Quoi qu'il arrive, vous aurez soutenu la maman, aurez accueilli votre enfant et entendu son premier cri, ce qui est le plus important.

> **TEST POUR CEUX QUI HÉSITENT**
>
> En guise de test, vous pouvez essayer de regarder une vidéo d'un accouchement, ou bien encore des photos, pour avoir une idée plus concrète de ce à quoi vous devez vous attendre. Comme il ne s'agit pas de « votre » accouchement, peut-être ne serez-vous pas perturbé. Mais dites-vous que quand ce sera le tour de votre femme, vous ressentirez probablement les choses de manière différente. Le mieux, c'est sans doute de suivre votre envie le moment venu. Jetez un petit coup d'œil discret, et si vous vous sentez apte, regardez un peu plus ou renoncez sans états d'âme.

À quoi servent tous ces instruments ?

C'est un fait. L'accouchement est désormais un acte très surveillé. Tout est médicalisé. Certains disent trop. Effectivement, peut-être que l'ambiance manque un peu de chaleur humaine, mais on est bien content d'avoir tout ce qu'il faut sous la main en cas d'urgence. Ce qui frappe de prime abord quand on pénètre dans la salle d'accouchement, c'est le matériel que l'on y trouve. Identifier ces instruments et ces machines, comprendre leur utilité vous aideront à vous détendre et retarderont le moment (s'il se produit) où vous tournerez de l'œil.

Le monitoring

Cette petite machine sert à enregistrer les contractions de la femme et la fréquence cardiaque du bébé tout au long de l'accouchement au moyen de deux capteurs placés sur le ventre de la maman. Le capteur qui suit les battements du cœur du bébé fonctionne grâce à des ultrasons, comme une échographie. Si le rythme cardiaque descend trop bas, les médecins sont alertés et décideront, s'il y a lieu, de faire une césarienne par exemple. L'autre capteur fonctionne grâce à la pression que le ventre de la mère exerce en durcissant lors des contractions. Il permet d'avoir une indication sur l'intensité de celles-ci, et de savoir quand elles arrivent. Ainsi, la mère pourra se préparer, et vous, le papa, vous serez en mesure de l'aider à respirer en cadence tandis que votre femme vous broiera la main !

De plus en plus souvent, il est possible pour la maman de garder sa mobilité au cours du travail et de rester sous contrôle grâce au monitoring. Dans ce cas, elle portera un petit sac en bandoulière qui transmet les informations à une unité centrale. Vous ne pourrez pas trop vous éloigner, mais cela vous permettra de quitter la salle d'accouchement quelque temps. Il faudra cependant revenir régulièrement auprès de la sage-femme pour que celle-ci l'examine et puisse évaluer l'avancement du travail. Toutes les données seront retranscrites en continu sur le papier, afin de mesurer facilement l'évolution des contractions.

L'électrode fœtale

C'est une variante du monitoring. Cette sonde, munie de deux petits crochets, est fixée au crâne du bébé et permet de contrôler son rythme cardiaque. C'est un peu impressionnant, mais tout à fait indolore pour l'enfant. Elle est utilisée quand les capteurs externes ne permettent pas de suivre correctement le rythme cardiaque, notamment quand le bébé bouge, le signal se perd.

Ventouse, forceps et spatules

Ces instruments sont utilisés pour aider l'enfant à venir au monde. La ventouse permet de tourner sa tête quand celle-ci n'est pas bien orientée. Le forceps a l'allure de deux grosses cuillères creuses que l'on place de part et d'autre de la tête du bébé pour le sortir. Les spatules ressemblent un peu aux forceps, mais ont pour but d'écarter les parois du vagin pour faciliter le passage du bébé dans le cas où celui-ci n'avancerait pas assez vite.

Incubateur, table de réanimation, table chauffante

Les services de néonatalogie sont aussi équipés d'un incubateur, d'une table de réanimation et d'une table chauffante.

L'incubateur permet de réchauffer l'enfant et de le surveiller de près grâce à des capteurs qui relèvent sa température, son rythme cardiaque, sa couleur et sa respiration. Les incubateurs sont généralement montés sur des roulettes pour transporter le bébé dans les meilleures conditions de confort et de sécurité pour celui-ci. La table chauffante permet également de réchauffer l'enfant et de lui prodiguer très facilement les soins dont il a besoin. La table de réanimation, enfin, n'est utilisée que dans les cas les plus graves. Elle est équipée de tout le matériel nécessaire pour réanimer l'enfant.

Comment l'aider pendant l'accouchement ?

L'accouchement peut faire peur et la plupart des femmes trouvent rassurant de voir un visage familier pendant qu'elles mettent au monde leur bébé. Avoir le soutien d'un proche peut faire une grande différence, tant au niveau de l'expérience vécue, qu'à la naissance elle-même. Qui mieux que vous, le papa, peut endosser ce rôle ?

LES BIENFAITS DE LA PRÉSENCE DU PÈRE

Les études montrent que le soutien du père :

- augmente la satisfaction de la mère ;
- réduit le besoin de la maman en antalgiques ;
- diminue le risque d'avoir recours à des interventions médicales pendant l'accouchement ;
- réduit le risque d'avoir des difficultés à materner ;
- augmente également la durée de l'allaitement.

Votre simple présence sera donc pour votre compagne d'un grand soutien.

Certaines femmes décident parfois d'avoir plus d'une personne pour les soutenir, surtout dans le cas où le papa n'est pas sûr d'être présent. C'est à la mère que revient le choix de la personne qui la soutiendra. Si elle préfère que vous ne soyez pas présent (p. 149), demandez-lui de vous en expliquer les raisons, et respectez sa décision.

Prévenant, actif, apaisant

Il existe de nombreuses façons d'aider la maman pendant l'accouchement, parmi lesquelles :

- Vous avez déjà visité la maternité et la salle d'accouchement et vous ne vous sentez donc pas perdu (mais si c'est le cas, vous n'avez pas à vous sentir coupable).

- Vous avez vu au préalable un accouchement à la télé ou en vidéo pour savoir à quoi cela ressemble.
- Vous avez procédé à la révision de la voiture, fait le plein d'essence et vous vous êtes muni de monnaie pour les parcmètres.
- Vous avez assisté aux préparations prénatales.
- Quand votre femme ne sait pas exprimer elle-même ses besoins, vous vous adressez au personnel infirmier.
- Vous oserez poser des questions pour savoir ce qu'il se passe.
- Vous aiderez la maman à trouver des positions confortables pendant le travail et à respirer pendant les contractions.
- Vous tenterez d'apaiser sa douleur avec des caresses et des massages.
- Vous êtes préparé à affronter les crises de larmes, les rires, les brusques changements d'humeur.
- Vous êtes disposé à subir stoïquement des remontrances.
- Vous êtes prêt à lui tendre une serviette humide et rafraîchissante si elle a trop chaud.
- Vous l'encouragerez constamment et lui direz votre admiration surtout si elle a l'impression qu'elle n'y arrivera jamais.

N'oubliez pas de prendre aussi du temps pour vous-même de façon régulière. Assister une femme pendant un accouchement est quelque chose de très éprouvant.

Peu importe si vous n'arrivez pas à accomplir toutes ces choses. L'essentiel, c'est d'être présent. Et si vous sentez que vous devenez tout pâle ou que le plafond tourne (p. 154), demandez de l'aide à une infirmière, elles ont l'habitude. La maman, avec son instinct maternel, trouvera sans doute cela mignon et ne vous en tiendra pas rigueur car vous avez fait le choix de participer, ce qui est essentiel à ses yeux.

Les choses à ne pas dire à l'accouchement

En cours de grossesse, vous n'aurez finalement besoin que d'un peu de bon sens pour éviter les orages. Il en va tout autrement lors de l'accouchement où vous devrez faire le plus attention. Étant donné votre état émotionnel ce jour-là, vous n'aurez peut-être pas toujours la lucidité d'adopter la meilleure approche. C'est normal, ne culpabilisez pas, aussi, ces petits conseils pourront-ils vous aider.

Une femme qui accouche pourrait en surprendre plus d'un par ses réactions qui peuvent être violentes, ne serait-ce que par les mots. Son attitude est pourtant compréhensible si on y réfléchit : elle est nerveuse, inquiète, et souffre parfois beaucoup ; plus le temps passe, plus elle est fatiguée. Il y a de quoi être susceptible, non ? Dans ces moments, bannissez toute forme d'humour, du moins une fois que les choses deviennent vraiment sérieuses. Si on vous demande comment ça va : « Moi, je n'ai pas mal » est la dernière chose à répondre. Les « ça va passer, ne t'inquiète pas, un peu de patience », « pousse plus fort », « tu ne peux pas avoir mal, tu as la péridurale », « toutes les femmes accouchent », « ma mère n'a pas eu besoin de tout ça », etc., sont à exclure impérativement.

Même des mots dits pour réconforter ou encourager pourront provoquer sa colère. Pour elle, vous avez le beau rôle, et c'est à cause de vous si elle est en train de souffrir. Une caresse apaisera souvent beaucoup mieux que des mots. Quoi qu'il arrive, vous sentirez bien quelles sont les limites à ne pas dépasser. Dites-vous enfin que toute sa rage disparaîtra une fois que le bébé sera sur son ventre.

Qu'est-ce que l'épisiotomie ?

L'épisiotomie est une technique chirurgicale qui a été introduite pour la première fois en Irlande au cours du XVIIIe siècle. Aujourd'hui, c'est devenu une pratique très courante puisqu'elle est pratiquée lors de la majorité des accouchements.

Une épisiotomie n'est autre qu'une incision pratiquée dans le but d'élargir l'ouverture vaginale pour faciliter la sortie du bébé. On la pratique dans 80 à 90 % des accouchements quand il s'agit d'une première naissance. Il existe deux grands types d'épisiotomie, selon que l'incision est verticale, transversale ou latérale, dans le prolongement du vagin. Chacune a ses avantages et ses inconvénients.

Pour ou contre ?

Parmi les médecins, les avis divergent au sujet de l'épisiotomie, il y a ceux qui sont pour et ceux qui sont contre. Pour les avantages, mentionnons qu'une incision est plus facile à cicatriser qu'une déchirure, qu'elle peut contribuer à écourter la phase de poussée lors de l'accouchement et éviter les déchirures importantes. Les détracteurs, peu nombreux, s'appuient quant à eux sur le fait que ce n'est pas un acte naturel, qu'il est douloureux et pas indispensable. Ils considèrent que le massage local et les exercices effectués pendant la grossesse pour renforcer les muscles suffisent à préparer le périnée.

La plupart s'accordent à dire que la décision de pratiquer ou non l'épisiotomie doit être prise au moment de l'accouchement alors que la tête du bébé s'engage dans le vagin. Certaines femmes n'ont pas besoin d'épisiotomie, d'autres oui. La future maman doit en parler avec son obstétricien avant que le travail ne commence.

Après l'accouchement

Le médecin pratique si nécessaire quelques points de suture pour aider à la cicatrisation. Les fils finissent par tomber tout seuls. Le fait de subir une épisiotomie peut retarder quelque peu la reprise des relations sexuelles, à la fois parce que le médecin l'aura conseillé, mais aussi à cause de la douleur éventuelle lors de la pénétration (ou de l'appréhension de la maman).

À quoi ressemble un nouveau-né ?

Voici quelques-uns des traits les plus communs aux nouveau-nés :

- La tête est généralement la partie la plus grande de son corps. Elle peut sembler déformée. Le passage par lequel passe bébé est en effet fort étroit. La tête s'arrondit après l'accouchement.
- La couleur de la peau varie en fonction de l'origine ethnique. Les nouveau-nés noirs ont souvent une peau très claire qui foncera dans les jours suivant la naissance. Chez les enfants dont la peau est blanche, elle sera rose vif ou rouge au début.
- La peau du bébé, douce et fine, peut être recouverte d'une substance blanchâtre, graisseuse, le vernix caseosa, principalement au niveau des plis cutanés et de la vulve chez la fille. Un duvet, le lanugo, recouvre aussi le front, les tempes, les épaules et le dos, mais il disparaîtra normalement au cours des premières semaines.
- Le nez est souvent plat et constellés de petits grains blancs (milium). Ces espèces de petits boutons sont des glandes immatures et elles disparaîtront sans aucun traitement.

- Les tétons et les organes génitaux du bébé peuvent être un peu gonflés (en raison du passage d'une partie des hormones de la mère).
- Le crâne est chauve ou recouvert d'une chevelure soyeuse qui tombe généralement en quelques semaines.

CE QUE BÉBÉ SAIT DÉJÀ FAIRE

Le nouveau-né tousse, éternue, bâille, a le hoquet ou pleure quand il ressent un certain inconfort ou se sent seul. Parmi les réflexes, on retrouve la succion, le réflexe de Moro, le réflexe natatoire et celui qui permet à l'enfant de bloquer sa respiration en immersion. Il est capable de voir, même si sa mise au point est loin d'être bonne pour l'instant. La distance optimale est d'environ 20-25 cm, à peu près celle qu'il y a entre lui et le visage de la maman quand elle lui donne le sein, ou celui du papa quand il donne le biberon.

Immédiatement après la naissance, votre bébé sera éveillé et regardera directement vers la maman et vous. Il fera savoir qu'il est prêt à téter en amenant ses mains à sa bouche, en faisant de petits mouvements avec les lèvres et la langue, avec les yeux (même s'ils sont fermés) et son corps.

Est-ce que je peux couper le cordon ?

Ce geste qui, symboliquement, marque l'entrée de l'enfant dans le monde et son devenir de personne à part entière est souvent proposé aux papas qui assistent à l'accouchement. Ce n'est pas une obligation et vous n'aurez pas à le faire si vous ne le souhaitez pas.

Pour ceux qui y tiennent, n'hésitez pas à le demander au médecin ou à la sage-femme si on ne vous sollicite pas.

Demandez-le dès le travail (le moment venu, vous serez peut-être trop pris par les événements pour y penser), voire avant le jour J pour savoir si cette possibilité vous est offerte.

Néanmoins, même si ce geste est répandu dans la maternité que vous avez choisie, vous n'êtes pas pour autant assuré de couper vous-même le cordon. En effet, les circonstances de l'accouchement peuvent faire en sorte qu'au moment venu, le médecin décide d'agir personnellement. C'est notamment le cas quand le cordon est enroulé autour du cou de l'enfant par exemple.

Si cela se présentait, ne soyez pas déçu et n'en tenez pas rigueur à l'obstétricien qui le fait uniquement pour le bien de votre bébé car lui seul est capable d'intervenir très vite. Ce qui compte le plus, c'est la santé de l'enfant et de la maman à ce moment-là, inutile de prendre des risques. Et ne vous en souciez pas, quelques minutes plus tard votre bébé sera dans vos bras et le cordon ne vous semblera plus qu'un détail.

Quels sont les examens que l'on fait au nouveau-né ?

Pour s'assurer que votre enfant va bien, il subira le test d'Apgar. Il s'agit d'une méthode simple et efficace, utilisée pour mesurer l'état de santé du nouveau-né et déterminer s'il a besoin d'un traitement d'urgence. Cela peut sembler alarmant, mais en fait, la méthode est rapide et indolore.

La plupart des bébés naissent en bonne santé ; si le vôtre devait avoir besoin d'une aide médicale, vous seriez heureux de le savoir tout de suite. La méthode fait partie intégrante de tout accouchement depuis sa mise au point par le docteur Virginia Apgar en 1952.

Comment procède-t-on ?

Après une minute, et puis de nouveau après 5 minutes, on évalue la fréquence cardiaque, la respiration, le tonus musculaire, les réflexes et la couleur de la peau (le médecin contrôle la couleur de la plante des pieds et de la paume des mains pour les enfants de couleur).

	Fréquence cardiaque	**Respiration**	**Tonus**	**Réflexes**	**Coloration**
0	< 80				Cyanose ou grise
1	80-100	Geint	Fléchit les membres	Éternue	Livide
2	> 100	Cri vigoureux	Normal	Réactif	Rosée

Un score compris entre 0 et 2 est attribué à chaque facteur, puis on fait la somme des résultats. La plupart des nouveau-nés ont un total compris entre 7 et 10 et n'ont pas besoin d'un traitement immédiat, comme, par exemple, une aide respiratoire.

Un score égale à 10 est assurément bien agréable à entendre pour les parents, un 8 ou un 9 reste aussi satisfaisant. Un accouchement difficile, une naissance prématurée, l'administration d'antidouleurs peuvent abaisser artificiellement le score d'Apgar et faire que celui-ci ne reflète pas fidèlement la santé réelle de votre enfant. Entre 5 et 7, les conditions sont toujours considérées comme satisfaisantes mais l'enfant peut nécessiter une aide respiratoire. Un médecin ou une infirmière lui massera vigoureusement la peau ou lui placera un tube d'oxygène sous le nez pour le faire respirer plus profondément. Si le score est inférieur à 5, le bébé est en situation difficile et aura besoin des soins d'urgence comme un masque à oxygène sur le nez.

LE TEST D'APGAR, COMMENT L'INTERPRÉTER ?

À un certain moment, les experts ont cru qu'un enfant dont le score restait bas après 5 minutes était plus enclin à développer des problèmes neurologiques. Des études récentes ont montré que cette idée n'était pas fondée. Pris seul en compte, le score ne correspond pas à l'état de santé futur de l'enfant, qu'il soit bon ou mauvais.

Les premiers soins

À peine le cordon est-il coupé que les sages-femmes emportent le bébé pour s'assurer qu'il va bien et pour lui procurer les premiers soins.

Les tests

Les tests sont pratiqués en douceur afin que le nouveau-né ne les ressente pas comme une agression ; il n'est pas rare que l'on place le bébé tout nu sous une lampe chauffante pour qu'il ne se refroidisse pas au cours de l'examen.

Aspirer les mucosités

Un des premiers soins consiste à désencombrer les voies respiratoires du bébé en introduisant un cathéter dans sa bouche et ses narines pour aspirer les mucosités qui l'ont protégé pendant qu'il trempait dans le liquide amniotique mais qui risqueraient de le gêner dès lors qu'il respire. De cette façon, on peut aussi s'assurer que toutes les voies respiratoires sont bien ouvertes correctement. Si cela n'est pas le cas, on aura recours à la chirurgie. Ce geste suffit en général pour que l'enfant pousse un cri bien vigoureux si cela n'avait pas déjà été le cas.

Taille, poids

Ensuite, le bébé est pesé et mesuré. Comment pourriez-vous, sinon, répondre aux innombrables questions de vos proches ? Né à terme, l'enfant sera considéré comme un poids plume s'il pèse moins de 2,7 kg et qualifié de gros, s'il pèse plus de 3,7 kg. On mesure sa taille, son périmètre crânien ainsi que celui de sa cage thoracique. Parfois, les mesures sont prises un peu plus tard, après le peau-à-peau avec la maman.

Température

On prend aussi la température du bébé par voie rectale, ce qui permet de s'assurer qu'elle est normale, mais aussi de vérifier que son anus est bien perforé. Bien que le contraire soit très rare, il est très important de le savoir au plus vite car cela nécessite une opération chirurgicale d'urgence.

Contrôle des voies digestives

Pour s'assurer que votre enfant ne souffre pas d'atrésie de l'œsophage (non-perforation de l'œsophage empêchant une alimentation normale, auquel cas une intervention chirurgicale s'impose), on insère une petite sonde dans l'œsophage jusqu'à l'estomac, un peu comme pour les voies respiratoires.

Prévenir les infections

Quelques gouttes d'antibiotique ou d'une solution de nitrate d'argent seront administrées dans les yeux du nouveau-né afin de réduire le risque d'infection oculaire. Parfois, on donne aussi quelques gouttes de vitamine K.

Réflexes

Les réflexes du bébé sont aussi évalués car ils constituent de bons indicateurs de son développement et de l'état de son système nerveux. À la naissance, on contrôle le réflexe de Moro, le réflexe tonique du cou, le réflexe des points cardinaux, le réflexe de préhension et le réflexe de marche.

Bain et examens ultérieurs

Vous pourrez peut être lui donner son premier bain (souvent, il est donné dans les jours qui suivent la naissance). Dans beaucoup de maternités, les examens cliniques approfondis sont effectués plus tard, voire le lendemain. Ne vous inquiétez pas, si c'est ainsi, c'est que votre bébé se porte bien et que les examens peuvent attendre. Profitez de ces moments de tranquillité pour vous remettre de vos émotions et pour faire connaissance avec votre enfant.

Est-ce que je peux donner le premier bain ?

En principe, si le bébé et la maman vont bien, personne ne vous privera de cette joie. Cela est devenu habituel dans presque toutes les maternités désormais, et ce sera le plus souvent la sage-femme qui vous le proposera le moment venu. Si ce n'est pas le cas, n'hésitez pas à le demander.

Vaincre ses craintes

L'idée de donner ce bain peut faire un peu peur, ce qui est tout à fait normal. Si c'est votre premier enfant, vous ne connaissez pas encore les gestes, vous serez encore sous le coup de l'émotion et craindrez de faire mal au nouveau-né qui semble tellement petit et fragile. Rassurez-vous, les bébés sont bien plus costauds que vous ne le croyez, et la sage-femme restera à vos côtés pour vous guider. Osez lui demander son aide si besoin, il n'y a aucune honte à cela. Vous allez apprendre de la même façon que vous avez eu besoin d'assimiler le moindre geste de votre vie de tous les jours. Prenez votre temps, savourez l'instant. Pas besoin de stresser si vous êtes un peu gauche. Personne ne rira de vous. Vous n'êtes pas devant un jury d'examen.

Quelques conseils

Faites attention à la température de l'eau, idéalement, elle doit être de 37 °C. Vérifiez qu'elle n'est ni trop chaude, ni trop froide, avec votre coude ou avec le dessus de votre main. En cas de doute, demandez à la sage-femme.

Inutile aussi de remplir la petite baignoire, quelques centimètres d'eau suffisent et écarteront tout risque de noyade d'autant que bébé est très glissant.

Évitez de mettre sa tête sous le pommeau, il n'appréciera pas.

Ayez des gestes tendres et parlez-lui pour le rassurer. Toutes ces sensations sont nouvelles pour lui. S'il n'est pas impeccablement propre, cela n'est pas très grave, la sage-femme terminera le travail si besoin.

Essuyez-le bien, surtout dans les plis de la peau, avant de l'habiller.

Il ne vous restera plus qu'à le ramener à la maman, tout fier et heureux de ce premier moment d'intimité partagée.

Ce n'est pas moi qui ai accouché mais je suis épuisé

Indéniablement, c'est pour la mère et son bébé que l'accouchement est le plus fatigant physiquement. Cependant, il est assez rare que le jeune père sorte fringant de la salle d'accouchement. Même s'il est survolté et euphorique, une fois la tête posée sur l'oreiller, il sombre rapidement dans un sommeil profond. L'origine de cette fatigue est nerveuse : le stress accumulé pendant l'accouchement puise dans vos réserves. Et une fois que l'on sait que « la maman et le bébé vont bien », la tension accumulée pendant ces heures se relâche plus ou moins soudainement.

Récupérer est primordial

Penser que l'accouchement est de tout repos pour un homme sous prétexte qu'il a le second rôle est une grosse erreur. Vous aurez besoin de récupérer et si vous n'écoutez pas votre corps, cette fatigue vous rattrapera. Parvenu au bout du rouleau, vous n'aurez plus la possibilité de récupérer ; entre votre travail et l'enfant qui ne fera pas ses nuits, vous finirez par vous épuiser.

Dans de nombreuses maternités, il est désormais possible pour le papa de dormir sur un lit d'appoint, dans la chambre de la maman et du bébé. Cela permet de faire connaissance à trois, et de partager les premiers jours. Ceci étant, même si vous restez la nuit, prenez un peu de temps pour vous reposer chez vous, le temps d'une sieste par jour par exemple, afin de reprendre des forces !

Quelles sont les formalités à remplir ?

La déclaration de naissance

Celle-ci est obligatoire, que les parents soient mariés ou non, et elle doit être faite dans les 3 jours qui suivent la naissance. Cependant, si le troisième jour tombe un week-end ou un jour férié, vous avez jusqu'au jour ouvrable suivant. La déclaration est établie à la mairie du lieu de l'accouchement par un officier de l'état civil qui vous remettra un carnet de santé et écrira sur le registre, l'heure et le lieu de naissance, le sexe de votre enfant et les prénoms qui lui sont donnés. Cette déclaration, bien qu'étant le plus souvent faite par les papas, peut être faite par toute personne ayant assisté à l'accouchement. Vous devrez fournir le livret de famille pour y inscrire l'enfant (dans le cas de parents mariés), et le certificat établi par le médecin ou la sage-femme qui a suivi l'accouchement.

Attention, la déclaration de naissance n'équivaut pas à la reconnaissance de cet enfant (p. 47), bien qu'il soit possible de reconnaître un enfant naturel au moment de la déclaration de naissance et faire établir un livret de famille.

Le séjour à la maternité

Combien de temps dure le séjour à la maternité ?

Vous avez en réalité deux cas de figure suivant les maternités : soit vous avez la possibilité, comme dit précédemment, de rester le jour et la nuit auprès de votre compagne et de votre enfant (et partager ainsi les premiers instants); soit vous devez respecter les horaires de visite. Dans ce second cas de figure, il est possible que vous vous sentiez triste et frustré de ne pas passer plus de temps avec votre nouveau-né…

Une durée variable

Selon les maternités, le séjour dure 3 à 5 jours pour un accouchement normal, 6 à 7 jours en cas de césarienne. Mais il arrive que la durée soit plus courte. Nombreuses sont les femmes qui sortent dès le 3e, voire le 2e jour. Certes, si aucun problème n'a été détecté, cela ne présente pas de risques, certaines mères y voient même un avantage. Néanmoins, rester quelque temps de plus à la maternité peut s'avérer rassurant et permettra un rétablissement en douceur de la maman.

UNE MAISON EN ORDRE

Rien de pire qu'une maison en désordre pour accueillir maman et bébé. Beaucoup de femmes le prendront très mal, vous risquez d'avoir de la visite très rapidement, et votre compagne tiendra sûrement à ce que la maison soit présentable. Du coup, elle vous reprochera le désordre que vous avez laissé s'accumuler pendant son absence, et soit vous vous trouverez obligé de tout nettoyer en vitesse, soit elle se mettra à faire le ménage alors qu'elle a besoin de se reposer. Vous disposez de 3 ou 4 jours pour nettoyer et ranger un peu la maison, et remplir le frigo. Profitez-en.

Est-ce que je peux rester la nuit à la maternité ?

Dans certaines maternités, de plus en plus nombreuses, le nouveau papa peut effectivement passer la nuit avec sa famille.

Dans certains cas, cela n'est pas possible et vous devez retourner chez vous, dans votre maison vide...

Rassurez-vous, cela ne durera pas ! En attendant, profitez-en pour passer une bonne nuit de sommeil, vous avez besoin de recharger vos batteries sous peine de craquer quelques jours plus tard. C'est d'ailleurs votre dernière chance d'avoir huit heures de sommeil d'affilée, bébé vous réveillera ensuite toutes les nuits pendant longtemps !

Si vous culpabilisez par rapport à votre petite famille, dites-vous que vous n'y pouvez rien, on ne vous a pas laissé le choix. La maman a, par ailleurs, besoin de repos, tout comme votre enfant. Autre sentiment possible : vous vous sentez abandonné. On le serait à moins. Il reste encore beaucoup à faire de ce côté-là. Mais soyez rassuré : votre femme et votre enfant ne vous rejettent pas, leur amour est bien présent et ils tiennent au chaud la place qui sera désormais la vôtre pour toujours.

Un raz-de-marée d'émotions

Sur le coup de l'excitation, certains sortent fêter l'heureux événement avec leurs amis, cigare dans une main, champagne dans l'autre. D'autres se collent au téléphone pour prévenir tout le monde en répétant pour la 357e fois : « C'est un garçon, il est né à 19 h 57, on va l'appeler Antoine, il pèse 3 kg 212, mesure 51 cm, 49 cm de périmètre crânien, la maman va bien, c'est le plus beau bébé du monde ! » D'autres encore préfèrent s'isoler pour revivre les événements, savourer ou tout simplement rêver.

Si vous souhaitez rester seul, coupez votre téléphone ou filtrez les appels. Personne ne peut savoir mieux que vous ce dont vous avez envie à ce moment-là. Vos proches pensent bien faire en vous proposant de passer chez eux ou en vous invitant à manger (enfin oui, d'accord, votre belle-mère aura surtout envie de connaître tous les détails), mais si vous n'avez pas envie de répondre à toutes leurs questions, c'est votre droit.

Une nouvelle vie commence

En définitive, vous n'êtes pas un simple témoin de ce qui vient de se passer, vous en avez été un des acteurs. Et toute votre vie a basculé, elle ne sera plus jamais la même désormais, cette prise de conscience vous frappe de plein fouet. Ce qui était encore un peu abstrait auparavant se matérialise soudainement et même si vous vous sentiez prêt, un raz-de-marée d'émotions vous submerge. Un tourbillon de questions vous assaille, les certitudes s'écroulent, c'est le trou noir. C'est un peu comme quand vous attendez devant la porte avant un examen. Une fois installé devant votre copie, tout revient pourtant à l'esprit comme par magie. Vous voilà embarqué pour de bon dans votre nouvelle aventure. Profitez de ces quelques heures de répit pour vous remettre de vos émotions, ou pour revivre ces instants que vous garderez en vous pour toujours. À votre réveil débute votre première journée d'une nouvelle vie. FÉLICITATIONS P-A-P-A !!!

Pourquoi mon bébé perd-il du poids ?

La perte de poids du nouveau-né est un phénomène normal qui apparaît chez tous les bébés au cours des premiers jours de la vie. Elle avoisine les 5 à 10 % du poids de naissance. Un nouveau-né de 3 kg descendra ainsi à 2,7 kg-2,8 kg. Si la perte de poids survient rapidement, le bébé regrossira au moment où il quittera la maternité ; s'il maigrit lentement, il récupérera son poids au cours de la deuxième semaine.

Ce phénomène est dû à un excès de liquide que le nourrisson perd avec la transpiration, l'émission d'urine et de meconium (les premières selles du bébé), la respiration. Cette perte est sous l'influence directe de son « âge » à la naissance (plus il sera né tôt dans la grossesse, plus elle sera importante), du temps écoulé depuis sa naissance, de sa température corporelle (qui peut provoquer de la transpiration), de l'humidité et de la température ambiantes. En outre, l'activité motrice du nourrisson est bien plus importante que dans le ventre de la maman, ce qui engendre une dépense énergétique et une transpiration qui ne sont pas toujours compensées par l'alimentation. Si la perte de poids est excessive, si la température est trop élevée (couveuses, milieux ambiants trop secs) et, à plus forte raison si son poids est très faible, le bébé peut montrer des signes de déshydratation et un état fébrile. Les diarrhées peuvent aussi causer de graves déshydratations si elles ne sont pas traitées rapidement. Il suffit alors de lui administrer de l'eau sucrée pour rétablir une température normale.

Étant donné que l'enfant ne sait pas encore réguler sa température, couvrez-le suffisamment pour qu'il ne prenne pas froid, mais point trop n'en faut : il risquerait de transpirer excessivement, voire de se déshydrater.

Qu'est-ce que je peux offrir à la maman ?

Tout dépend évidemment de votre budget, de vos idées et de ce qui ferait plaisir à votre compagne. Si celle-ci vous a laissé entendre qu'elle désirait quelque chose en particulier, essayez, dans la mesure du possible, de le lui offrir, vous ne risquez pas ainsi de tomber à côté.

Autre cadeau apprécié des jeunes mamans : la cure post-natale de thalassothérapie mais c'est peut-être au-dessus de vos moyens à moins d'opter pour un séjour en basse saison ou de tomber sur une promotion. Faites un tour dans une agence de voyage ou consultez les sites Internet des grands tours-opérateurs, on ne sait jamais. Pour les mamans qui allaitent (mais les autres apprécieront aussi), le rocking-chair a ses adeptes. À l'ombre l'été, ou devant un feu de cheminée en hiver, votre femme aimera s'y balancer et bercer bébé pour qu'il s'endorme. Vous pourrez également en profiter à votre tour quand vous dorloterez votre enfant.

Plus habituel, un petit bijou fait toujours plaisir. Ce peut être un bracelet, un pendentif, un collier avec, pourquoi pas, votre prénom et celui de votre enfant. Par contre, évitez les parfums ou, tout au moins, évitez de lui offrir un parfum différent de celui qu'elle met habituellement : cela désorienterait le bébé pour qui la composante olfactive est un des éléments clés pour reconnaître sa mère. Ceci est également valable pour vous : ne changez pas votre lotion après rasage et votre déodorant au cours des premiers mois.

Plus simple encore, une jolie photo de vous et du bébé, dans un joli cadre, lui ira droit au cœur. Elle pourra la mettre sur sa table de nuit ou sur son bureau, et ainsi avoir sous les yeux les êtres qui lui sont chers. Essayez de lui offrir la photo à la maternité, cela la réconfortera en cas de coup de blues (p. 183), fréquent dans les jours qui suivent l'accouchement.

Vous êtes habile de la plume ? Un petit poème, ou une lettre d'amour font toujours leur effet. Depuis combien de temps ne lui avez-vous pas écrit quelques lignes ? C'est l'occasion de vous y remettre. Et qu'importe si vous n'êtes pas un poète hors pair, elle appréciera tout autant, ce qui compte c'est de lui dire que vous l'aimez et que vous êtes heureux.

Je me sens exclu

De nombreux pères se sentent plus ou moins exclus, et ce, pendant une durée variable. Ces moments où l'on ressent une grande tristesse sont très difficiles à traverser et peuvent créer des problèmes au sein du couple. Le lien qui unit la maman et le bébé depuis neuf mois sont, de fait, très forts. La maman a pris sur vous une avance indéniable. À l'hôpital ainsi que tout au long du congé de maternité, elle aura également l'occasion d'approfondir cette relation privilégiée et vous ne serez pas toujours présent. Ce sentiment d'exclusion peut être ressenti encore plus fortement quand la maman allaite car une profonde intimité réunit alors la mère et son bébé. S'ajoute à tout cela le fait que certaines femmes vivent leur maternité de façon fusionnelle : seul l'enfant compte pour elles. Elles se montrent possessives, laissent peu le père s'occuper du bébé qu'elles accaparent pour elles seules.

S'impliquer : un enjeu pour s'affirmer en tant que père

Du fait qu'elle passe plus de temps avec lui, la maman apprendra parfois plus vite à décrypter ses chagrins, à comprendre ses besoins et, donc, à les assouvir. Le nourrisson se sentira probablement plus en sécurité avec elle. Dès lors, on comprend aisément l'importance pour vous de vous impliquer le plus tôt possible. Prenez la place qui est la vôtre. Imposez-vous. Vous pouvez aussi créer avec l'enfant une relation tout aussi forte et importante.

Passez du temps avec lui, parlez-lui pour qu'il reconnaisse votre voix et gardez-le contre vous pour qu'il apprenne à reconnaître votre odeur. N'attendez pas pour vous y mettre, impliquez-vous dès le début. La pratique du peau-à-peau est pour cela une très bonne habitude, qui vous permettra de créer un lien très fort avec votre tout-petit.

COMMENT TROUVER SA PLACE ?

Donnez le bain, changez le bébé, bercez-le, massez-le. Même si la maman allaite, les tire-lait existent, profitez-en et donnez-lui le biberon, il n'y a pas de contre-indication médicale. N'hésitez pas à mettre la main à la pâte, proposez à la maman de sortir se changer les idées et gardez le bébé à sa place. L'enfant a besoin de sentir que vous êtes capable de satisfaire ses besoins. De votre côté, il est nécessaire pour vous de passer du temps avec lui. Pour aimer votre femme par exemple, vous avez appris à la connaître. Même si vous pouvez avoir le coup de foudre, votre bébé a besoin d'être apprivoisé car il ne sait pas encore ce que c'est qu'aimer !

Comment limiter les visites ?

Une fois que la bonne nouvelle se sera propagée, tout votre entourage risque de se précipiter à la maternité pour admirer le « divin enfant ». Même si cela part d'une bonne intention (et de beaucoup de curiosité aussi), cela peut vite s'avérer fastidieux. Pour la maman (qui a essentiellement besoin de repos), pour le bébé (qui lui aussi a besoin de dormir et qui n'a pas forcément envie de se faire photographier ou de passer de bras en bras), et pour le papa, qui préférera peut-être passer un peu de temps seul avec sa petite famille.

Ce n'est pas la chose la plus sympathique à faire, mais proposez à vos amis de venir voir votre bébé une fois que vous serez rentrés à la maison. Limitez les visites à votre famille. N'oubliez pas en outre que l'un des buts du séjour à la maternité est de permettre à la maman de se rétablir. Le bébé la réveillera souvent la nuit, les visites du médecin, les soins à l'enfant et le téléphone qui risque de sonner sans arrêt, l'empêcheront de dormir. S'il y a foule à l'heure des visites, elle ne pourra pas récupérer.

Filtrez les appels et les visiteurs. Le plus souvent, c'est à vous, jeune papa, que reviendra cette tâche qui requiert une bonne dose de diplomatie. Mais ne soyez pas inquiet, il vous suffira d'expliquer que la maman est fatiguée et, le plus souvent, les gens diront d'eux-mêmes qu'elle a besoin de se reposer et qu'ils viendront plus tard. Pour ceux qui seraient un peu plus lents à la détente, insistez. Si vraiment vous ne pouvez pas éviter une visite, assurez-vous qu'elle ne soit pas trop longue.

Ainsi vous disposerez de plus de temps tous les trois, ceci vous permettra de faire connaissance avec l'enfant et de partager entre parents vos sentiments et vos émotions. La priorité, c'est vous. Les autres peuvent patienter quelques jours.

Le baby blues ou post-partum

Bébé est enfin là, il va bien et tout le monde est sur un petit nuage. Tout le monde sauf la maman qui déprime et qui pleure pour un rien. Que lui arrive-t-elle ? Est-elle devenue folle ? Non, elle vit ce qu'on appelle communément le baby blues, une sorte de grande déprime qui apparaît souvent quelques jours seulement après l'accouchement alors qu'elle est encore à la maternité, et qui, dans la plupart des cas, dure une semaine. Parfois, le baby blues peut apparaître plus tard ou dériver dans la dépression postnatale qui est bien plus grave et qui doit être soignée avec l'aide d'un psychologue ou d'un psychiatre.

Causes physiques et psychologiques

Cette déprime passagère est en grande partie due aux hormones. À l'inverse de ce qui se passe lors du premier trimestre de la grossesse, les taux ont chuté après la délivrance du placenta alors que les ovaires, au repos des mois durant, n'ont pas repris leur rythme de croisière.

Autre cause physique, la fatigue. Une femme sort complètement épuisée d'un accouchement, et si on ne lui laisse pas la possibilité de se reposer suffisamment les jours qui suivent, elle finira par craquer rapidement.

Sur le plan psychologique, pendant neuf mois, la future maman a été le centre de l'univers, tout le monde était aux petits soins. Subitement, elle est devenue jeune maman, ce n'est plus elle que l'on dorlote, ou du moins plus autant qu'avant. Le visage marqué par la fatigue, les kilos en trop avec un ventre bedonnant mais dépourvu de bébé, elle se sent vide.

À cela s'ajoute le poids des responsabilités. La mère prend brutalement conscience que maintenant le bébé est là et qu'il va falloir gérer plein de choses. Il se peut qu'elle craigne de ne pas être capable d'y arriver.

Comment le père doit-il réagir ?

Vous serez sans doute encore une fois désorienté devant les réactions de votre compagne. Vous devrez faire preuve de patience, la rassurer, l'aider autant que possible pour qu'elle puisse se reposer, essayer de dédramatiser les choses sans pour autant les tourner en ridicule, sous peine de l'enfoncer encore plus. Faites barrage autour d'elle et de votre enfant. Dites-vous que tout cela passera vite en principe. Si elle est à la maternité, signalez son état aux infirmières, elles savent quoi faire et quoi dire. Si son état perdure, poussez-la à en parler à un médecin ou à un psychologue pour qu'elle se fasse aider.

LE BABY BLUES DU PÈRE

Chez les jeunes pères, le phénomène du baby blues est également répandu. On en parle moins, mais il existe pourtant. À la différence de ce qui se passe chez la jeune maman, pour un homme, tout se situe dans la tête. La naissance lui donne enfin le statut de père. Cette prise de conscience, soudaine, peut l'affecter profondément s'il se sent exclu, en particulier si la jeune maman se focalise trop sur l'enfant.

Si cela vous arrive, parlez-en autour de vous, faites-vous aider par votre médecin ou un psychologue. Et profitez de votre bébé, c'est sans doute encore le meilleur des traitements.

Le retour à la maison, comment s'organiser ?

Le retour à la maison est à coup sûr un des moments forts de votre nouvelle vie de jeune papa. Au-delà du plaisir d'avoir votre petite famille autour de vous, il va quand même falloir vous organiser et penser à mettre au point quelques aspects matériels si vous ne voulez pas vous retrouver à courir dans les magasins ou appeler les amis en catastrophe pour vous procurer le matériel minimum de survie avec bébé.

Le matériel

On peut supposer que vous aurez déjà fait l'achat du landau et d'un lit de bébé, et probablement d'un Maxi-Cosy pour pouvoir le faire dormir et le transporter en voiture. Pour le trajet, pensez aussi à apporter à la maternité quelques habits chauds, une petite couverture et un bonnet, même s'il fait bon car votre enfant ne sait pas encore réguler sa température comme vous. Couvrez-le bien tout en vérifiant qu'il ne transpire pas et évitez les courants d'air, ce serait dommage qu'il attrape un rhume à peine rentré à la maison. Entraînez-vous à placer et fixer le support avec lequel vous transporterez le bébé dans la voiture, ce n'est pas toujours évident.

Si la maman n'allaite pas, il vous faudra une boîte de lait premier âge et des biberons (avec des tétines premier âge pour éviter que l'enfant n'avale de travers), sans oublier le stérilisateur. Vous trouverez tout cela en pharmacie et dans les magasins spécialisés. N'oubliez pas les couches (faites attention à la taille qui est indiquée selon le poids du nourrisson) et les carrés de coton réutilisables pour nettoyer ses fesses, des bavoirs, des médicaments contre la fièvre.

Pour le bain, achetez du gel sans savon spécial bébé, pour ne pas agresser sa peau encore délicate, et de l'huile d'amande douce. Cela lui évitera d'avoir la peau sèche et vous donnera l'occasion de le masser (p. 205) et d'en faire un moment de plaisir partagé.

Les premiers mois

Comment affronter les premières semaines ?

Ménagez-vous du temps loin du travail. Généralement, les mamans prennent de longues semaines de congé de maternité (seize semaines au minimum : six semaines avant la date présumée de l'accouchement et dix semaines après) et les pères seulement quelques jours après la naissance, mais les nouvelles lois accordant un congé de 28 jours dont 7 obligatoires vont changer les choses.

Avec l'accouchement et ses complications possibles, les nuits sans cesse interrompues par le bébé, vous serez tous les deux mentalement et physiquement fatigués pendant quelques mois. Parlez-en avec votre patron afin qu'il vous accorde autant de congés que possible. Demandez de l'aide aux collègues et tenez-les au courant des projets sur lesquels vous travaillez. Si vous devez vraiment travailler, voyez si vous pouvez le faire à mi-temps ou à domicile.

Participez au ménage et aux soins du bébé

Aidez la maman, ou même prenez entièrement en charge les tâches ménagères : une maison propre, de bons repas atténuent ce sentiment de chaos qui règne sous votre toit, donnent à votre femme un peu de répit et vous aident tous les deux à vous sentir un peu moins dépassés par les événements.

Pour les repas, organisez-vous : vers la fin de la grossesse, cuisinez en grandes quantités et mettez les surplus au congélateur. Vous pouvez solliciter la famille et les amis pour qu'ils vous déposent de quoi manger sans forcément rester, ils auront tout le temps de voir le nouveau-né plus tard.

Mais votre rôle ne s'arrête pas là, participez aussi aux soins du bébé. Rappelez-vous que, même si vous vous sentez peu à l'aise face à votre enfant, votre femme éprouve aussi ce sentiment. Si vous relayez votre compagne auprès du bébé et la laissez souffler un peu, elle pourra décompresser et évacuer le stress que connaît toute jeune maman. Ainsi, plus vous participerez, plus vous vous rapprocherez du bébé, plus les choses deviendront faciles.

Aidez-la également pour les biberons. Votre bébé aura probablement faim toutes les 3 heures et il faudra 30 à 40 minutes pour le nourrir. Même si votre femme allaite, elle peut toujours tirer son lait, vous pouvez donc lui donner un repas chacun à votre tour. C'est une façon exceptionnelle de créer un lien avec l'enfant et cela vous permettra de vous reposer un peu à tour de rôle, surtout si vous vous partagez les repas de la nuit.

Se faire aider

Demandez à vos parents respectifs d'être disponibles les deux premières semaines si vous en avez besoin. Restez en contact avec vos amis et demandez-leur de vous donner un coup de main pour les courses ou pour envoyer les faire-part. Entourez-vous de proches qui vous soutiendront sur le plan émotionnel aussi.

Prenez également un peu de temps pour vous. Appelez une baby-sitter en qui vous avez confiance. Si la maman et vous êtes trop fatigués pour sortir, demandez à la baby-sitter d'aller faire une promenade avec le bébé de façon à pouvoir passer quelques moments seuls. Il y a aussi la solution des grands-parents qui seront enchantés d'avoir leur petit-fils ou leur petite-fille rien que pour eux. Profitez-en !

Pourquoi les bébés pleurent-ils ?

Pleurer est une forme de communication. Votre bébé exprime des pleurs différents pour des besoins différents. Beaucoup de parents trouvent qu'il est éprouvant de garder son contrôle pendant les crises de pleurs effrénées. Essayez pourtant de rester calme. Souvenez-vous que c'est une phase incontournable : il ne parle pas encore ! Mais il pleure de façon différente selon ce qu'il veut exprimer. Demandez de l'aide, surtout si vous êtes stressé. Vous pouvez aussi appeler votre médecin, quel que soit votre souci.

Les causes les plus fréquentes

- La faim, surtout s'il a mangé plus de deux heures auparavant.
- L'inconfort, comme le lange mouillé ou sale, des vêtements trop serrés, s'il a trop chaud ou trop froid.
- Le besoin de changer de position.
- Un nez bouché qui l'empêche de respirer librement.
- La stimulation excessive. Certains bébés prématurés sont facilement irritables. Ils peuvent avoir une faible tolérance pour l'activité autour d'eux, le bruit ou encore des contacts fréquents avec la personne qui s'occupe d'eux.
- Le sommeil. Curieusement, un enfant très fatigué a plus de difficulté à s'endormir. Et il pleure.

- Les coliques, fréquentes les premiers mois.
- Le rot coincé (p. 195).
- Les reflux, également répandus.
- La maladie. Si les pleurs de bébé changent soudainement en intensité ou qu'ils semblent anormaux, parlez-en à votre médecin.
- Des tensions nerveuses à évacuer.

La présence rassure

Votre bébé va développer un sentiment de confiance envers vous s'il sent votre présence quand il pleure et si, bien sûr, vous répondez à ses appels. Cette confiance sera un des piliers nécessaires à son développement.

COMMENT APAISER SES PLEURS ?

Nombreux sont les bébés qui pleurent souvent, en particulier les prématurés. Ils sont d'ailleurs plus sensibles à la stimulation et aux coliques.

- Donnez-lui le biberon si c'est l'heure.
- Faites-lui faire son rot toutes les 5 minutes quand vous le nourrissez et gardez sa tête plus haute que le reste du corps.
- Assurez-vous qu'il n'est pas mouillé, qu'il n'a pas faim ou qu'il n'est pas dans une position inconfortable.
- Assurez-vous qu'il n'est pas malade (fièvre, diarrhée ou pâleur).
- Enveloppez votre bébé chaudement dans une couverture, bras et jambes comprises.
- Bercez votre bébé.
- Tenez-le, peau contre peau, contre votre poitrine.

- Placez une serviette chaude et roulée en boule sous son ventre en le couchant sur son ventre.
- En cas de colique, essayez de l'allonger, sur le ventre, sur votre avant-bras pendant que vous le bercez : la légère pression exercée et la chaleur calment parfois la douleur.
- Parlez avec votre bébé ou allez faire une balade en le portant dans son porte-bébé ou en écharpe.
- Reste la solution de la sucette (ou tétine) pour ceux qui n'en craignent pas la dépendance et les conséquences pour les parents quand le bébé la perd. La succion tout comme le bercement font en effet partie des méthodes avérées pour calmer les pleurs, mais si le bébé prend l'habitude de sucer son pouce plutôt que la tétine, ce sera encore mieux pour vous !

Comment tenir bébé ?

La plupart des parents qui le sont pour la première fois s'imaginent que leur nouveau-né est très fragile et se demandent comment tenir cette petite créature sans risque de la faire tomber. Ne vous inquiétez pas, vous serez étonné de voir à quel point votre instinct paternel prendra le dessus une fois que votre bébé sera là.

Plusieurs façons possibles

La manière la plus fréquente est de tenir votre enfant comme si vous vous apprêtiez à le bercer. Le bébé est allongé sur le dos, sa nuque est logée dans le creux de votre bras, et vous lui soutenez le dos avec votre bras libre. Beaucoup de bébés aiment être tenus debout, le corps plaqué contre l'adulte, la tête contre l'épaule, de façon à pouvoir voir le monde qui les entoure. Si vous le tenez ainsi, vous devez néanmoins lui soutenir la nuque et le cou d'une main. Ses muscles sont encore trop faibles pour qu'il puisse le faire lui-même.

Parmi les nombreuses autres possibilités, on peut asseoir le bébé, tourné vers l'extérieur sur l'un des avant-bras du papa, le dos contre le ventre de l'adulte, et le bras du père placé au travers de son ventre et de sa poitrine pour le soutenir. Vous et votre enfant essaierez ainsi toute une série de positions différentes, et peut-être même en inventerez-vous une bien à vous ! Le plus important est de toujours maintenir sa tête jusqu'à ce qu'il soit capable de le faire tout seul. De la même façon, ne secouez jamais votre bébé et ne le lancez pas en l'air, vous risquez de le blesser sérieusement, ou pire encore.

À n'en pas douter, en vous détendant tout simplement, et en optant pour des positions confortables pour tous les deux, vous deviendrez en très peu de temps un « pro » en la matière !

LE PORTAGE

Porter votre bébé dans un porte-bébé ou dans une écharpe n'est pas l'apanage de sa maman ! En tant que papa, vous pouvez aussi caler votre petit contre vous, pour partir en balade mais aussi à la maison. Rien de plus simple, il vous suffit de prendre des cours pour apprendre à nouer une écharpe de portage ou plus simplement de prendre un porte-bébé classique.

Les avantages du portage sont nombreux pour vous et votre bébé, notamment en ce qui concerne le lien d'attachement : la proximité physique, les gestes et les regards affectueux que vous échangez avec lui stimule sa production d'ocytocine, l'hormone du bonheur. Sans compter que cela le réconforte, apaise ses pleurs, favorise sa digestion et favorise son sommeil. Autant de bonnes raisons de vous lancer !

Préparer, donner le biberon

Commencez par enlever votre belle veste, votre chemise et votre cravate sous peine d'amener le tout chez le teinturier. Un jean sera bien plus pratique. Lavez-vous les mains, et prenez le biberon et la tétine que vous aurez stérilisée à l'avance.

Préparer le biberon

Remplissez le biberon d'eau minérale (pas d'eau du robinet), la quantité nécessaire est indiquée sur la boîte de lait en poudre, demandez conseil à votre pédiatre pour le choix de la marque. Vous pouvez soit faire chauffer l'eau avant puis ajouter le lait, soit laisser le tout à température ambiante. Si vous avez recours au micro-ondes, méfiez-vous de la température en sortant votre biberon.

Pour ne pas brûler bébé, contrôlez-la toujours en versant quelques gouttes sur l'intérieur de votre poignet ou du coude, ou encore sur le dos de la main, là où votre peau est plus fine et plus sensible.

Si votre enfant a la diarrhée, le pédiatre prescrira une poudre de riz et d'électrolytes qui remplacera le lait habituel. Roulez le biberon entre vos mains, puis secouez-le vigoureusement de haut en bas jusqu'à ce qu'il n'y ait plus de grumeaux visibles. Contrôlez encore une fois la température ; si le biberon est trop chaud, mettez-le sous le robinet d'eau froide. Mélangez-le encore de temps en temps, en effet, la température à l'intérieur du biberon est plus élevée que celle que vous sentez à travers la paroi.

Donner le biberon

Installez bébé confortablement, à moitié couché (pas trop quand même pour faciliter la digestion), la tête dans le creux du coude pour la soutenir, et n'oubliez pas le bavoir ! Détendez-vous et profitez de ce moment privilégié. Une fois que votre enfant est dans une position confortable, vous pourrez commencer à lui donner le biberon.

Comme en voiture, il convient de démarrer toujours en première vitesse (si la tétine de votre biberon en est pourvue), cela permet d'éviter que le bébé n'avale de travers ou que le lait ne coule à côté. Le petit glouton a tendance à téter très fort au début car il est affamé. Au fur et à mesure, vous pourrez augmenter la cadence. Assurez-vous toutefois que l'enfant ne boive pas trop vite, il risque sinon de régurgiter, ce n'est ni agréable pour lui, ni pour celui qui reçoit le lait sur ses vêtements, et après il aura de nouveau faim ! Un bon quart d'heure par biberon est un minimum. En cas de reflux, tentez de limiter le problème en ne recouchant pas votre enfant trop vite, en utilisant des tétines premier âge et en prolongeant la durée du biberon de façon que le lait ait le temps de descendre dans son estomac. Vous pouvez aussi épaissir son biberon avec un produit approprié si votre médecin est d'accord.

Veillez à ce que la tétine soit toujours remplie de lait en inclinant le biberon de plus en plus à la verticale, sinonvotre enfant avalera de l'air et régurgitera davantage. À mi-repas, faites une petite pause, redressez bébé et attendez son petit rot. Si cela tarde de trop, ou qu'il pleure parce qu'il a faim, redonnez-lui à téter sans attendre. Si votre enfant ne termine pas son biberon parce qu'il s'endort ou n'a plus faim, jetez impérativement ce qui reste ! Ne le gardez pas pour plus tard, le lait tourne rapidement et c'est un foyer infectieux important. Si vous devez partir en balade, prenez plutôt un biberon d'eau que vous mettrez dans un thermos et la poudre de lait à part, pour mélanger le tout à la dernière minute seulement.

Le rot

Pour lui faire faire un rot, prenez votre enfant dans les bras, en le tenant bien haut, le visage posé sur votre épaule, retournez le bavoir, puis tapotez-lui délicatement le dos à hauteur des omoplates en attendant patiemment. Les premières fois, vous serez certainement surpris par l'ampleur de sa voix !

LE ROT, POURQUOI EST-IL SI IMPORTANT ?

S'il y a bien une chose que tout un chacun sait, parents ou pas, c'est qu'un bébé doit faire son rot. Mais pourquoi est-ce si important ? Tout simplement parce qu'en buvant son lait, le bébé avale aussi une quantité importante d'air dans son estomac, d'où une gêne qui se traduira par des pleurs. Cet air finira par être évacué tôt ou tard avec une quantité de lait, plus ou moins importante, selon qu'il est couché au moment où cela arrive. Loin d'être anodine, une régurgitation conséquente peut faire avaler de travers, voire provoquer l'étouffement du bébé. Veillez toujours à ce qu'il ait bien fait son rot, surtout avant d'aller vous coucher.

Précaution particulière

Donnez-lui les vitamines et le fluor en dehors des repas de préférence.

Comment changer une couche ?

À raison de 6 ou 7 couches par jour, et étant donné que vous n'échapperez pas à cette tâche, autant procéder comme il convient et faire en sorte que cela soit un moment de jeux et de rires pour votre bébé.

Lavez-vous les mains de façon à écarter le risque d'infection et essuyez-les. Choisissez une surface chaude (si possible), mais toujours propre et sèche. Au début, on utilise généralement une table à langer, mais une serviette ou une couverture sur une surface souple fera l'affaire. Avec une table à langer, vous aurez l'avantage de ne pas avoir à vous soucier des petits problèmes au cas où il mouillerait ou salirait la table.

On a souvent tendance à sous-estimer le risque de chute lorsqu'on change un bébé. Elles sont pourtant une des premières causes de blessure chez les nouveau-nés. Pour limiter les risques, la seule solution est d'avoir toujours votre enfant sous les yeux et le maintenir d'une main posée sur le ventre. D'où l'importance d'avoir tout à portée de main.

TOUT À PORTÉE DE MAIN

Préparez tout ce dont vous avez besoin : un lange propre, des carrés de coton, si possible un petit sac en plastique qui servira provisoirement de poubelle, cela évite les odeurs désagréables. Si le bébé a les fesses rouges (érythème fessier, p. 198), prenez une pommade que le médecin vous aura conseillée. N'oubliez pas non plus ses vêtements de rechange.

Maintenant que vous avez tout sous la main, vous êtes fin prêt pour passer à l'action. Détachez les bandes adhésives de la couche et repliez-les sur elles-mêmes de sorte qu'elles ne collent pas à la peau du bébé, mais ne retirez pas encore la couche sale.

Le nettoyage

Enlevez l'excès de matières fécales avec le coin ou l'arrière de la couche, en prenant soin, s'il s'agit d'un garçon, de couvrir le pénis avec un carré de coton propre sous peine qu'il ne fasse pipi sur lui-même et/ou sur vous pendant le change !

Attrapez votre bébé par les chevilles fermement mais sans serrer trop fort et soulevez ses fesses de la table à langer. Repliez en deux la couche sale, cela vous permettra de poser le bébé de temps en temps pendant que vous le nettoyez sans salir inutilement la table à langer. Utilisez un carré de coton propre pour nettoyer l'avant de bébé de façon approfondie. Dans le cas d'une fille, procédez de l'avant vers l'arrière, vous limiterez ainsi le risque d'infection. Soulevez les deux jambes du petit et, avec un autre carré de coton, nettoyez-lui les fesses et le bas du dos.

Remplacez la couche sale par une propre. Le côté doté de bandes adhésives va sous le bébé, et l'autre remonte entre ses jambes. Ne retroussez pas trop la couche, cela peut provoquer des irritations et rendre le bébé inconfortable. Rabattez les bandes adhésives, en vous assurant que l'enfant n'est pas trop serré et que cela ne lui pince pas la peau. Refermez bien la couche sale sur elle-même, glissez-la dans le sac en plastique que vous mettrez à la poubelle. Habillez bébé, lavez-vous les mains comme il faut, et hop, c'est fini !

Précautions particulières

En ce qui concerne les nouveau-nés, évitez de recouvrir le cordon ombilical avec la couche. Pour les garçons, assurez-vous que le pénis est orienté vers le bas afin que l'urine s'écoule dans la couche et non vers le haut ou en dehors de celle-ci.

L'érythème fessier

L'érythème est une irritation causée par des selles trop acides ou un excès d'humidité dans la couche. Il se manifeste par une rougeur qui peut aller, dans les cas plus graves, jusqu'à des plaies ouvertes. Ce problème se rencontre fréquemment chez le bébé, surtout quand ce dernier passe aux aliments solides, qu'il fait ses dents, a la diarrhée ou prend des antibiotiques.

Comment prévenir un érythème ?

- Changez votre bébé souvent et dès qu'il se salit, il est important qu'il reste sec et propre.
- Évitez d'utiliser des lingettes, surtout celles qui sont fortement parfumées ou qui contiennent de l'alcool. Utilisez plutôt de l'eau tiède et un gant de toilette pour le nettoyer ou encore du liniment. Essuyez ses fesses sans oublier les petits plis de la peau, ou laissez-les sécher complètement à l'air libre avant de remettre une couche.

Comment soigner son érythème ?

- Appliquez un peu de pommade contre l'irritation sur ses fesses propres et sèches à chaque change et après le bain.

Si bébé est particulièrement enclin à développer des érythèmes, vous pouvez recourir à la pommade à chaque fois.

BIENFAITS DES FESSES À L'AIR

Laissez votre enfant les fesses à l'air aussi souvent que possible. L'air frais les gardera sèches et apaisera la douleur. Quelques minutes seulement peuvent suffire. Un conseil, dénudez-le juste après qu'il s'est sali et laissez-le gambader.

- Faites attention à être plus doux que d'habitude quand vous le soignez, ses fesses irritées sont particulièrement sensibles, et votre bébé risque d'avoir mal.
- Si l'irritation ne disparaît pas en quelques jours, s'il saigne, ou s'il y a des plaies ouvertes, contactez votre pédiatre ou votre médecin de famille. L'irritation pourrait être due à une infection et nécessiter des médicaments.
- Si cela arrive fréquemment, essayez de changer de marque de couche ou de produit lavant.

Très peu de bébés échappent à ce petit désagrément durant la période où ils portent une couche. Néanmoins, en prenant les précautions évoquées plus haut, vous réduirez les effets de l'érythème.

Comment l'habiller et le déshabiller ?

Une fois bébé à la maison, vous appréhenderez peut-être le moment de l'habiller avec tous ses petits vêtements adorables, surtout ceux qui doivent passer par la tête, un peu moins pratiques que les habits dotés de boutons à pression, ou encore de fermeture Éclair. Dès lors que vous l'aurez habillé plusieurs fois, vous ne prêterez plus attention à ce genre de détail et cela vous semblera la chose la plus naturelle du monde.

La séance d'habillage n'est pas toujours appréciée des enfants. Certains bébés gigotent, d'autres pleurent. Essayez malgré tout de vous détendre et saisissez l'occasion pour jouer avec lui. Attention, soyez prudent. Ne laissez jamais votre bébé sans surveillance sur la table à langer ou sur le lit, même s'il n'a jamais encore roulé sur le côté.

Quelques conseils pour l'habiller rapidement

- Préparez les vêtements de bébé sur la table à langer ou sur le lit avant de commencer.
- Soyez bien stable. Habillez toujours votre enfant sur une surface ferme et plane, comme une table à langer, le sol ou le lit.
- Cherchez des habits faciles à mettre. Achetez des vêtements avec de larges ouvertures pour la tête, qui sont faits d'un tissu élastique.
- Certains tissus tiennent chaud tout en limitant la transpiration. C'est le cas du coton et de la laine, préférez-les aux tissus synthétiques.
- Étirez les vêtements, notamment l'encolure pour faciliter le passage de la tête. Passez vos doigts à travers les manches et tirez ses mains. Faites attention à ne pas tordre ses doigts ou ses orteils. Pour ôter le tee-shirt, sortez en douceur un bras à la fois, en le passant doucement au-dessus de son visage.
- Prenez garde aux fermetures Éclair quand vous les remontez ou les descendez, gardez-les bien loin de la peau de bébé pour ne pas la pincer. Veillez aussi à ce que la languette soit abaissée, elle risquerait de lui faire mal.
- N'essayez jamais d'habiller votre bébé dans une voiture en mouvement, même si vous vous trouvez sur la banquette

arrière. Pour sa sécurité, votre enfant doit demeurer attaché dès que le véhicule roule.

COMMENT LE COUVRIR ?

Ne couvrez pas trop votre enfant, les bébés ont vite chaud. Fiez-vous à votre propre façon de vous habiller et ajoutez une couche en plus. Optez pour la superposition de plusieurs habits qui permet les ajustements en fonction de la température.

Un moment de jeux

Le change est un moment privilégié avec le bébé, c'est aussi l'heure des câlins et des jeux. Chantez des chansons, faites des bruits drôles, embrassez-le en lui soufflant sur le ventre, créez une ambiance joyeuse, expliquez-lui ce que vous être en train de faire et regardez-le dans les yeux pendant que vous lui passez ses habits propres. Profitez des vêtements passant par la tête pour jouer à cache-cache. Cela n'a l'air de rien mais chaque interaction entre vous et votre enfant contribue à sa croissance et à son développement. La séance d'habillage est une expérience d'apprentissage amusante à laquelle votre bébé aimera vite prendre part !

Comment baigner bébé en toute sécurité ?

Le bain peut être un moment de joie pour vous et votre enfant à condition de se montrer extrêmement prudent. Familiarisez-vous très tôt avec les mesures de sécurité de base et gardez-les bien en tête pour un bain sans risque.

Les précautions à prendre

- Réglez votre chaudière sur 49 °C. Un bébé peut être brûlé au 3e degré en moins d'une minute avec de l'eau à 60 °C.
- Sécurisez votre baignoire : recouvrez le fond d'un tapis antidérapant et la robinetterie d'une protection rembourrée. Veillez aussi à ce que toute porte de cabine de douche soit en verre incassable.
- Remplissez la baignoire avec seulement 5-6 cm d'eau pour les nouveau-nés et les bébés jusqu'à 6 mois ; de manière générale, jamais plus qu'à hauteur de taille (en position assise) pour les plus grands. Vous pouvez utiliser une baignoire plus petite, si vous ne souhaitez pas en faire l'acquisition, le lavabo ou une petite bassine feront l'affaire.
- Veillez à ce que l'eau soit à une température confortable (environ 37 à 38 °C). Les bébés préfèrent des bains plus tièdes que ce que vous aimez vous-même, probablement. Certains robinets sont équipés de systèmes qui peuvent bloquer la température à 37 °C, ce qui est fort pratique. Veillez quand même à toujours vérifier que l'eau n'est pas trop chaude, en cas de dysfonctionnement. Un bon système, peu onéreux, consiste à laisser dans la baignoire un petit thermomètre. Il en existe de toutes les formes, il sera très utile pour vous et servira de jouet à votre enfant.
- Plus tard, apprenez à votre bébé à rester assis dans le bain à tout moment.

Les choses à ne pas faire

- Ne mettez jamais votre enfant dans une baignoire où l'eau est encore en train de couler. La température pourrait changer brusquement ou le niveau de l'eau pourrait monter trop haut.

- Ne laissez jamais votre enfant sans surveillance, même pour un instant. Si on sonne à la porte ou si le téléphone retentit, et que vous vous sentez le devoir d'y répondre, emballez-le dans une serviette et prenez-le avec vous, sinon ne répondez pas.
- Ne permettez jamais à votre enfant de toucher aux robinets. Même s'il n'a pas encore assez de force maintenant, il en aura assez bientôt et cela pourrait causer de sérieuses brûlures.

Le matériel, les produits

- Pour les bébés capables de tenir assis, un siège de bain avec un anneau en plastique et des ventouses de fixation au fond s'avérera utile, mais ne laissez pas l'enfant sans surveillance pour autant. Pour les plus petits, il existe des transats en plastique ou en tissu-éponge, ils sont pratiques pour savonner le bébé, restez malgré tout très vigilant car votre enfant peut vite se retourner.
- Utilisez les savons, shampooings et bains moussants en faible quantité car ils assèchent et irritent la peau. Les bains moussants sont, quant à eux, susceptibles de provoquer des infections urinaires. Enfin, les huiles de bain rendent le fond de la baignoire glissant, ce qui est excessivement dangereux.
- Lavez les cheveux de votre enfant à la fin de son bain pour éviter qu'il ne baigne dans de l'eau remplie de shampooing.
- Après le bain, veillez à bien sécher le bébé dans les plis et sous le cou pour éviter la macération et l'infection.
- Ensuite vous pouvez éventuellement hydrater la peau avec un produit adapté, et en profiter pour lui prodiguer un petit massage (p. 205).

Les soins du cordon ombilical

Quand le bébé vient au monde, on lui coupe le cordon ombilical. Vous avez peut-être eu la chance de le faire vous-même (p. 166). Néanmoins, une petite portion du cordon est restée en place et tombera entre le 7ᵉ jour et la 4ᵉ semaine qui suit la naissance. Tant que cela n'aura pas eu lieu, il faudra en prendre soin, le meilleur moment étant celui du change. Veillez à ce que le cordon ne soit pas coincé sous la couche, au besoin, repliez-en le bord de façon à ce qu'il puisse respirer et sécher.

Comment procéder ?

Utilisez une compresse imbibée d'un désinfectant (préférez ceux qui ne piquent pas) que votre médecin vous aura indiqué pour nettoyer cette zone plusieurs fois par jour. Appliquez doucement autour de la base du cordon, en faisant attention à ne pas tirer dessus, ce qui peut provoquer des saignements. Puis passez une compresse sous la pince, versez une bonne quantité d'éosine (qu'on vous aura fournie à la maternité) sur la pince, enveloppez celle-ci avec la compresse en en repliant les bords, et fixez le tout avec une bande élastique placée autour du ventre de bébé.

Si vous remarquez un suintement, la formation de pus, ou des saignements, contactez votre médecin. Prendre soin du cordon avec une solution aqueuse et le laisser à l'air libre de temps en temps accéléreront sa chute.

Les soins du pénis circoncis

Si vous avez décidé de faire circoncire votre petit garçon, il y a certaines choses que vous devrez faire pour aider à la cicatrisation. Votre pédiatre vous aura probablement déjà tout expliqué, mais certains éléments de base méritent d'être rappelés.

Après l'opération

Votre bébé aura soit un anneau, soit un morceau de gaze chirurgicale au bout du pénis que vous ne devez pas retirer, car il tombera tout seul, généralement entre deux jours (pour la gaze) et une semaine (pour l'anneau) après l'opération. Vous pouvez aussi constater des suintements ou des saignements pendant les 24 heures qui suivent la circoncision. S'ils se prolongent au-delà de 48 heures, prévenez votre médecin.

Quels soins apporter ?

Certains médecins vous conseilleront d'appliquer de la vaseline sur un morceau de gaze et de la placer sur le pénis pour éviter qu'il ne colle à la couche, d'autres vous diront de ne rien faire. Votre pédiatre peut aussi vous conseiller d'asperger la zone avec de l'eau chaude tous les jours pour la garder propre. Quoi qu'il en soit, suivez les indications de votre médecin et n'hésitez pas à poser des questions si vous n'êtes pas sûr d'avoir tout compris. D'ordinaire, tout rentre dans l'ordre au bout d'une semaine, il ne sera alors plus nécessaire d'utiliser de la vaseline ou de la gaze.

Comment masser bébé ?

Masser chaque jour votre enfant est une excellente façon de créer des liens avec lui. De plus, des chercheurs ont découvert que le massage aiderait bébé à avoir un meilleur sommeil, soulagerait les coliques, et influerait même sur le développement du système immunitaire, des capacités motrices et intellectuelles. Le principal, néanmoins, reste ce moment d'intimité et de bonheur que vous, le papa, pourrez vivre avec lui.

Voici quelques trucs et astuces pour profiter au mieux de ce moment.

Le matériel

Utilisez une couverture ou une serviette de bain et de l'huile de massage adaptée aux bébés dans une bouteille incassable (de l'huile d'amande douce fera très bien l'affaire). Testez l'huile au préalable, en l'appliquant sur un petite portion de la peau de bébé pour vous assurer qu'aucune irritation n'apparaît. Vous pouvez masser votre enfant à l'endroit qui vous convient : sur la table à langer, sur le lit…, veillez simplement à ce qu'il ne risque pas de tomber en se retournant. Vous pouvez également vous asseoir par terre en joignant les plantes des pieds. Bébé sera ainsi dans le creux de vos jambes sur la couverture. Profitez des moments où l'enfant est calme mais bien éveillé (juste après le bain par exemple), et non immédiatement après un repas (risque de régurgitation) ou quand il s'endort.

Comment procéder ?

Déshabillez votre bébé, en lui laissant uniquement sa couche (pour éviter de petits accidents), et déposez-le sur la couverture. Commencez par l'effleurer doucement et tendrement, de la tête aux pieds. Si bébé se contracte, crie ou devient nerveux, essayez de masser une autre partie de son corps ou remettez simplement le massage au lendemain. S'il a l'air d'apprécier, massez chaque zone séparément.

Le ventre

Évitez cette zone si le cordon ombilical n'est pas complètement cicatrisé.

1. Placez votre main de façon que votre auriculaire puisse bouger comme une rame sur le ventre de bébé. En commençant à la base des côtes, caressez-le vers

le bas, d'une main, puis de l'autre, d'un mouvement circulaire.

2. Massez son abdomen avec le bout de vos doigts d'un mouvement circulaire et dans le sens des aiguilles d'une montre.
3. Faites des cercles autour de son ombilic, dans le sens des aiguilles d'une montre.
4. Gardez ses genoux et ses pieds unis, et ramenez-les en pressant doucement vers l'abdomen. Faites tourner sa hanche quelques fois vers la droite (cela aide à expulser les gaz).
5. Placez votre main horizontalement sur le ventre et faites des mouvements d'aller-retour d'un côté à l'autre plusieurs fois.

La tête et le visage

1. En soutenant sa tête de vos deux mains, massez son cuir chevelu du bout de vos doigts, comme si vous le shampouiniez (évitez la fontanelle, le point mou sur le haut de son crâne).
2. Massez son oreille entre votre pouce et votre index.
3. Dessinez un cercle sur le visage de bébé, en ramenant vos mains ensemble sur son menton.
4. Placez vos pouces entre les sourcils de bébé et allez vers l'extérieur.
5. Toujours avec vos pouces, massez doucement ses paupières fermées vers l'extérieur.
6. Massez en partant de l'arête du nez vers les joues.
7. Du bout des doigts, massez la mâchoire avec de petits mouvements circulaires.

Le torse

1. Placez vos deux mains sur la poitrine de bébé et massez-le vers l'extérieur, du sternum aux épaules.
2. Sur le sternum, dessinez un cœur en amenant vos deux mains vers ses épaules, puis en les joignant en descendant.
3. D'un mouvement croisé, massez-le diagonalement en remontant d'un côté de sa hanche à l'épaule opposée et en redescendant ensuite à la hanche.

CONSEILS POUR MASSER BÉBÉ

- Massez tendrement mais fermement, sans chatouiller.
- Intégrez le massage dans la journée type du bébé.
- Soyez attentif aux réactions de votre enfant pour adapter la durée du massage qui oscille entre 10 à 30 minutes, selon son humeur.

Les bras

1. Avec une main, tenez le poignet de bébé. Détendez le haut de son bras en le tapotant doucement.
2. Prenez son poignet d'une main et formez un C avec l'autre en refermant votre main autour de son bras. Tenez le bras et massez-le de l'épaule au poignet.
3. Serrez avec vos deux mains le bras de bébé, l'une juste au-dessus de l'autre, massez du haut de l'épaule jusqu'au poignet, vos deux mains faisant un mouvement de rota-

tion en sens inverse, comme si vous essoriez gentiment un linge.

4. Massez la paume de ses mains, en faisant de petits « pas » avec vos pouces, du poignet aux doigts.

5. Caressez le dessus de la main du poignet jusqu'au bout des doigts. Pressez doucement et tirez chaque doigt.

6. Massez son poignet en faisant de petits cercles avec vos doigts.

7. « Roulez » son bras entre vos deux mains.

Le dos

1. Placez votre bébé sur le ventre à l'horizontale devant vous, ou étendez-le en travers de vos jambes tendues. Gardez ses mains en face de lui, pas le long de son corps.

2. Avec vos deux mains sur le dos de bébé, bougez d'avant en arrière chacune d'elles (en les faisant aller en sens inverse), de la base de son cou à ses fesses.

3. Tenez les fesses de bébé d'une main et utilisez l'autre pour le masser du cou jusqu'aux fesses.

4. En utilisant le bout de vos doigts, massez par petits cercles en descendant le long d'un côté de sa colonne-vertébrale et remontez de l'autre. Évitez le contact direct avec la colonne. Massez ses épaules avec de petits mouvements circulaires.

5. Massez ses fesses avec de grands mouvements circulaires.

6. En tenant vos doigts comme un râteau, massez-le le long du dos.

Les jambes

1. Soulevez une de ses jambes en la tenant par la cheville et étirez-la en tapotant doucement le haut de la cuisse.
2. Tenez sa cheville avec une main et formez un C avec votre autre main en la refermant sur cette même jambe, pouce vers le bas, autour du haut de sa cuisse. Allez du haut de la cuisse jusqu'à son pied.
3. Serrez avec vos deux mains la cuisse de bébé, l'une juste au-dessus de l'autre, massez du haut de la taille jusqu'au pied, vos deux mains faisant un mouvement de rotation en sens inverse, comme si vous essoriez gentiment un linge.
4. Sur la plante de ses pieds, faites des pressions avec les pouces pour le masser du talon aux orteils.
5. Utilisez toute votre main pour masser le dessous des pieds du talon aux orteils.
6. Massez le dessus de ses pieds. Pressez doucement et tirez chaque orteil.
7. Massez-le autour des chevilles en faisant de petits cercles.
8. « Roulez » sa jambe entre vos mains comme si vous étiez en train de rouler de la pâte à pain.

Comment lui couper les ongles ?

Vous serez surpris de voir à quelle vitesse peuvent pousser les ongles d'un bébé. Il faut donc veiller à les garder courts pour lui éviter de se griffer le visage. Voici quelques petits conseils dont vous devez tenir compte :

- Coupez-lui les ongles pendant qu'il dort. Il y a peu de chances que cela le dérange (si c'est fait en douceur) et il ne bougera pas autant qu'éveillé.

- Asseyez bébé sur vos genoux, face vers l'extérieur. Vous serez plus à votre aise pour voir et vous contrôlerez mieux la situation.
- Ne coupez pas trop court, pour éviter les ongles incarnés.

Quel outil utiliser ?

Votre première option, c'est une pince à ongles. Assurez vous qu'elle ait été conçue pour les bébés. Vous devrez aussi la nettoyer à l'alcool avant chaque usage. La deuxième option, c'est la paire de petits ciseaux à ongles. Encore une fois, il en existe de spécifiques pour les bébés, ils ont des protections pour éviter les coupures. Enfin, vous pouvez choisir tout simplement de lui limer les ongles. Vous émousserez les angles et n'aurez pas à craindre de blesser sa peau sensible.

Quel que soit l'outil utilisé, même le plus expert d'entre nous peut glisser de temps en temps et couper un peu de la peau de bébé en même temps que l'ongle. Si cela arrive et que la blessure n'est pas profonde, rincez-la simplement à l'eau et exercez une légère pression. Il y a de fortes chances que votre enfant ait tout oublié bien avant vous !

Comment prendre la température de bébé ?

Quand un enfant est malade, c'est une horrible sensation, on est inquiet, on se fait du souci. Le pédiatre vous demandera généralement si votre bébé a de la fièvre. Il vaut donc mieux prendre sa température avant de le contacter.

Trois façons de prendre la température

Il existe le thermomètre digital, conçu pour prendre la température à l'oreille, le thermomètre rectal et le thermomètre standard (utilisé dans la bouche, sous le bras, ou également par voie rectale). Si prendre la température à l'oreille est assez facile avec un nouveau-né, la mesure la plus fiable se fait par voie rectale. Quant à la température sous le bras ou par voie buccale, elle est pratiquement impossible à prendre chez un bébé de quelques mois.

Comment procéder ?

Insérez délicatement un bon centimètre du thermomètre en soulevant les jambes du bébé ou en l'allongeant sur le ventre. Un peu de vaseline vous évitera de le blesser, voire de casser le thermomètre (ce qui peut s'avérer particulièrement dangereux quand il est en verre). Il faut attendre en général 3 à 5 minutes (1 minute avec signal sonore si vous utilisez la version électronique) pour avoir une mesure fiable avec un thermomètre standard tandis qu'un thermomètre digital prendra 1 à 3 secondes pour mesurer la température à l'oreille (n'oubliez pas d'ajouter un demi-degré pour avoir l'équivalent de la température rectale).

Indépendamment du type de thermomètre que vous utilisez, il est conseillé de prendre la température de bébé le matin entre 8 h et 12 h, puis toutes les 4 ou 6 heures, voire aussi souvent que votre médecin vous le dira.

Sortir avec bébé : que prévoir ?

Vous allez vite découvrir que préparer quelques couches et des lingettes dans un sac pour sortir quelques heures avec bébé n'est guère suffisant. D'autres choses sont à prévoir.

Quelques indispensables

- 6 à 8 couches (et bien plus si vous voyagez avec un nouveau-né).
- Des lingettes dans une trousse de voyage.
- Des vêtements de rechange en fonction de la saison.
- 2 petites couvertures légères.
- Une grande couverture en coton (pour plus de confort pendant les longs trajets en voiture).
- 2 hochets et anneaux de dentition.
- Son doudou.
- Des biberons avec du lait maternel ou en poudre, placés dans un thermos.
- Des petits pots, des biscuits, des couverts.
- 1 bavoir.
- 1 biberon d'eau pour apaiser sa soif.
- 2-3 sachets en plastique (pour y mettre les langes sales).
- Des mouchoirs.
- L'été, un chapeau ou une ombrelle pour le protéger du soleil.
- Une petite trousse de toilette avec un peu de pommade pour les irritations de ses fesses, des sparadraps, une pince à ongles, un gant de toilette et du savon pour bébé, un médicament contre la fièvre.

Comment concilier ma vie de famille et mon travail ?

Il peut être parfois tentant de se plonger corps et âme dans le travail. Après tout, le rôle historique du père dans notre société est de subvenir aux besoins de la famille. Votre propre père a probablement dû vivre de la sorte. Mais ce modèle ancestral est désormais dépassé : d'une part, on attend de vous que vous soyez présent et impliqué dans la vie de votre enfant, les femmes ont presque toute une activité professionnelle et les rentrées financières du ménage ne dépendent plus uniquement de l'homme. Sans compter que, comme bon nombre de jeunes papas d'aujourd'hui, vous avez envie d'être présent et de vous impliquer autant que votre compagne. Pour vous, futur ou jeune papa, le problème persiste fréquemment. L'arrêt de travail de la femme pendant le congé de maternité signifie souvent une baisse de revenus alors que les dépenses augmentent. Comment faire ? Si vous ne disposez pas d'économies et sans avoir à accomplir des heures supplémentaires, il vous faudra revoir votre train de vie à la baisse (p. 43), en espérant que cela suffise.

Au-delà de l'aspect purement financier, il reste le problème du temps. Peut-être que votre travail en exige beaucoup alors que vous aimeriez rentrer plus tôt pour pouvoir en passer un peu plus en famille. Et cette promotion qui s'annonce, pour laquelle vous avez travaillé si dur et qui vous permettrait de vivre les fins de mois plus sereinement ? Si vous l'acceptez, vous devrez certainement travailler encore davantage..., choix difficile ! Heureusement, les choses changent tout doucement, y compris chez les patrons. Les bourreaux de travail ne sont plus aussi bien vus que par le passé. L'employeur ne verra pas forcément comme une qualité le fait que vous fassiez passer votre carrière avant votre famille. Par ailleurs, de plus en plus d'hommes hésitent à sacrifier la leur à une promotion, si celle-ci risque d'avoir trop de répercussions négatives quant à leur disponibilité. Certains refusent parfois de se rendre plus disponibles quand ils peuvent se le permettre financièrement.

Réorganiser sa vie professionnelle

Si vous souhaitez aménager votre temps de travail, prenez votre courage à deux mains et parlez-en avec votre patron.

Exprimez-lui votre souhait d'avoir un horaire plus souple, mieux adapté à votre nouveau statut. Vous serez étonné de ce que l'on peut accorder à un futur ou jeune père. Proposez-lui par exemple de terminer le surplus de travail à la maison quand c'est possible, au lieu de rester tard au bureau. Si cela est techniquement réalisable, il n'y verra probablement aucun inconvénient, tant que le travail est bien fait et les délais respectés. Cela vous permettra ainsi de profiter une heure ou deux de votre enfant, après quoi vous pourrez encore travailler sur vos dossiers. On sait maintenant qu'un employé heureux est plus productif. Travaillez toutefois consciencieusement, sinon votre patron aura l'impression que vous abusez de sa confiance.

Il peut être aussi intéressant de changer de travail. Ce n'est pas toujours évident, mais si vous pouvez trouver un emploi équivalent plus près de chez vous, cela fera toujours autant de temps en moins passé sur la route que vous pourrez consacrer à la famille. Autre solution, le travail à temps partiel, aux 4/5e par exemple. Vous gagnerez un peu moins d'argent pour la même quantité de travail parfois, mais ce que vous vivrez avec votre famille en vaut peut-être la peine.

Quelles que soient vos options, refusez, dans la mesure du possible, les heures supplémentaires ou les déplacements. En général, on dispose d'une certaine marge de manœuvre, à vous d'en profiter au mieux. Attention, certains employeurs abusent des bonnes volontés pour les surcharger de travail. Si c'est le cas et que cela ne prête pas à conséquence, apprenez à dire non.

Posez-vous surtout la question de savoir si vraiment vous voulez et devez sacrifier votre vie de famille pour le travail. Si c'est non, en y mettant un peu de bonne volonté, vous trouverez une solution qui vous épanouira professionnellement tout en jouant pleinement votre rôle de père.

L'impression d'étouffer

« Non, je ne peux pas venir boire un verre après le boulot, il faut que je file à la crèche. » « Non, je n'ai pas le temps, je dois m'occuper du bébé. » On avait l'habitude de l'entendre dire par les femmes, maintenant c'est aussi l'apanage des hommes qui s'investissent pleinement dans leur rôle de père et soulagent autant que possible la maman. Il arrive que l'homme s'investisse tellement qu'il a l'impression, au bout d'un moment, de ne faire plus que ça. Si tel est votre cas, vous vous y prenez sans doute mal.

Une remise en cause objective

Demandez-vous, tout d'abord, si vraiment vous ne disposez pas de temps pour vous ou si ce n'est qu'une impression. Mener la même vie qu'avant n'est évidemment plus possible, il y a des sacrifices à faire. Mais vous le saviez déjà avant de vous embarquer dans cette aventure. Vous pourriez, bien sûr, vous reposer entièrement sur la maman, mais elle aussi a le droit d'avoir sa vie et, par ailleurs, votre enfant a besoin de vous. Vous êtes fatigué quand vous rentrez le soir ? Votre compagne l'est également, même si elle reste à la maison. Occupez-vous du bébé toute la journée et vous verrez que c'est aussi fatigant, parfois même plus, que d'aller travailler.

Optimiser son emploi du temps

Si après cette remise en question, aussi objective que possible, vous constatez que vous avez besoin de prendre l'air de temps en temps, revoyez votre organisation de façon à l'optimiser.

Êtes-vous sûr de ne pas perdre du temps ici ou là ? Voici un exemple parmi d'autres : les courses. Est-il vraiment nécessaire de les faire 2 ou 3 fois par semaine alors que souvent une seule fois suffirait avec une bonne liste ? Avez-vous aussi envisagé de les faire sur Internet ? Bien sûr, cela revient un peu plus cher, mais cela économise du temps, de l'essence et du stress, le jeu n'en vaut-il pas la chandelle ? Le temps que vous ne passez pas dans les embouteillages et dans la file à la caisse, c'est du temps que vous pouvez consacrer à autre chose.

Transformez votre quotidien

Organisez-vous avec la maman pour qu'à tour de rôle, vous gardiez le bébé tandis que l'autre se consacrera à son hobby. Si, pour votre couple, vous préférez avoir des loisirs en commun, faites appel aux grands-parents ou à une baby-sitter.

Par ailleurs, si vous en avez les moyens, pourquoi ne pas vous décider à prendre une femme de ménage quelques heures par semaine afin de vous soulager tous les deux ? Essayez également de traiter rapidement les tâches que vous n'appréciez guère, elles prendront moins de place dans votre vie de tous les jours.

Et peut-être, le plus important, essayez de transformer les moments passés avec le bébé en un moment ludique de détente. Vous verrez que, très vite, en vous réorganisant et avec une approche différente, vous trouverez plus de plaisir à faire ce que vous faites et vous aurez plus de temps libre.

Bébé, cause de disputes

Vous le désiriez tous les deux, vous en avez beaucoup parlé, c'était à vos yeux la juste consécration de votre amour. Maintenant, vous vous disputez « à cause de lui ». Pas toujours, heureusement, mais les discussions houleuses à son propos ne sont pas rares.

Rassurez-vous, les disputes touchent tous les couples, et peut-être même davantage à notre époque où le père s'investit souvent pleinement. En effet, l'homme veut aussi avoir son mot à dire sur les choses qui étaient du ressort de la femme, il n'y a pas si longtemps.

Le dialogue, porte ouverte au consensus

Évidemment, vous avez le droit d'avoir tous les deux des points de vue divergents. D'un autre côté, si vous ne parvenez pas à un compromis, vous allez créer des tensions au sein du couple. En outre, éduquer chacun à sa façon n'est pas non plus une solution car le bébé a besoin de repères bien définis pour se développer harmonieusement et il a besoin également d'avoir des parents sereins autour de lui. Encore une fois, c'est le dialogue qui viendra à votre secours. Le dialogue et votre capacité à mettre de l'eau dans votre vin à tous les deux. Vous n'aurez pas toujours raison en matière d'éducation, la maman non plus d'ailleurs. Demandez-vous plutôt ce qui, au final, est le mieux pour l'enfant. Quant aux aspects secondaires à vos yeux, laissez la maman faire comme elle l'entend et vice versa.

En définitive, ce qui importe au plus haut point, c'est que vous et la maman partagiez les mêmes valeurs et les mêmes objectifs en matière d'éducation. Pour ce qui est des moyens pour y parvenir, les chemins sont multiples, l'un n'est pas forcément meilleur que l'autre. Parfois, il peut être intéressant de demander un avis extérieur, à un spécialiste de l'enfance, par exemple. Mais lui non plus ne détient pas la science infuse, il ne connaît pas votre enfant aussi bien que vous, et vous ne devez pas suivre son avis à la lettre, surtout si vous ne partagez pas son point de vue. Écoutez des sons de cloches différents, cela vous aidera à vous ouvrir l'esprit et à envisager les choses sous un autre angle.

Pour conclure, les disputes sont inévitables, elles prouvent que chaque parent essaie toujours de faire ce qu'il juge le mieux pour l'enfant. Certaines querelles sont néanmoins futiles, mieux vaut être philosophe et les éviter pour le plus grand bien de tous, à commencer par le bébé. Si vous ne vous efforcez pas de trouver un terrain d'entente, votre couple sera en péril à la longue ; en outre, plus l'enfant grandira, plus les questions sur son éducation se multiplieront.

Continuer à soutenir la maman

Que la principale tâche du futur père soit de soutenir la future maman durant la grossesse est une évidence pour tous ; continuer à le faire même après la naissance l'est peut-être moins. On a souvent tendance à reporter toutes nos attentions sur le bébé. C'est un tort. Au cours des premières semaines, voire des premiers mois, le jeune père doit se consacrer au moins autant à la jeune maman.

Le plus simple est de s'impliquer au plus vite dans la vie quotidienne du bébé, en assumant régulièrement certaines tâches comme donner le biberon, changer les couches, donner le bain et se lever la nuit, qui font partie du rôle du père. Cela permettra à la maman de se reposer et de récupérer plus vite pour redevenir la femme que vous connaissiez avant la grossesse. De plus, votre soutien réduira les risques de dépression post-partum. Si elle doit passer sans cesse de son rôle de mère à celui de femme de ménage, comment s'étonner dès lors qu'elle oublie aussi son mari ? En outre, il arrive aussi que les jeunes mamans se sentent peu sûres d'elles car inexpérimentées... Il vous incombe donc d'aider votre compagne à prendre confiance en elle, de lui remonter le moral quand elle a un coup de blues, de la rassurer quand elle doute…

Et vous dans tout ça, me direz-vous ? Certes, j'admets que cela fait beaucoup pour le jeune père, surtout si l'on tient compte de la vie professionnelle qu'il ne faut pas négliger puisque vous avez un bébé à charge. Mais vous aussi, vous avez tout à y gagner : en vous occupant de votre enfant, des liens forts et précoces vont se tisser entre lui et vous ; aider la maman consolidera votre amour envers votre compagne qui ne sera plus confinée dans son rôle de mère. Vous continuerez ainsi à être un couple.

Conclusion

La première étape de cette magnifique aventure que vous avez entamée se termine. Si ce livre vous a permis de trouver quelques éléments de réponse à certaines de vos questions, et s'il vous a aidé à vivre plus sereinement ces quelques mois, alors il aura atteint son but. Certes, il reste encore bien des questions qui n'ont pas été traitées ici, mais comment être exhaustif quand chaque homme diffère de son voisin ? De plus, chaque jour qui passe apporte sa moisson de nouvelles questions. Toutefois, si malgré tout vous êtes parvenu à résoudre la plupart des points qui vous tracassaient, vous êtes sur la bonne voie pour répondre à tout ce qui reste en suspens.

Faites de votre mieux et savourez l'instant présent

Maintenant, consacrez-vous pleinement à votre rôle de père, votre vie ne sera plus jamais la même, elle sera rythmée par les joies et les colères, les rires et les pleurs de votre enfant. Ne vous inquiétez pas pour l'avenir, il n'est pas aussi compliqué que vous le pensez. Rappelez-vous que personne n'attend de vous que vous soyez parfait, contentez-vous d'aimer votre enfant et de faire de votre mieux.

Profitez de chaque instant avec votre bébé, ne remettez pas au lendemain ce que vous pourriez faire aujourd'hui, parce que personne ne pourra vous rendre les moments que vous n'avez pas passés ensemble. Qui plus est, un bébé évolue vraiment de jour en jour, et ce, d'autant plus vite qu'il est petit. Ne ratez pas les « premières fois » de votre enfant si cela vous est possible. Savourez chaque instant partagé, laissez-le vous émerveiller chaque jour par ses prouesses. Et bientôt, quand vous rentrerez à la maison, vous trouverez un petit ange qui sautera dans vos bras en criant : « PAPA ! »

Achevé d'imprimer en Espagne par Liberdúplex
Pour le compte des Éditions Marabout (Hachette Livre)
58, rue Jean-Bleuzen, 92178 Vanves Cedex
Dépôt légal : février 2021
ISBN : 978-2-501-15961-6
1932643 – Ed. 01